Children's Dreams

어린이 꿈의 심리학

우리는 이미 무의식 안에 치유와 회복의 힘을 가지고 있다.
다만 그 힘을 찾기 위한 도구와 용기가 필요하다.
그렇지 않으면 삶의 어느 부분은 갈등과 두려움의 반복에서
벗어나기 어려울 수 있다.

이 책은 그 문제를 해결하고 나 자신을 돌보기 위한 도구로서
꿈을 선택하였고, 그 꿈을 만나는 여정을 다루었다.

먹구름을 뚫고 올라가야 햇빛을 만날 수 있다.
중요한 것은 두려워도 나아가는 것이다.

홍지영

나는 나 자신을 내적 사건들을 통해서만 이해할 수 있다.
나는 될 수 있는 한 이미지와 그 내용을
일일이 이해하고 합리적으로 정리하고
무엇보다 삶 속에서 그것을 인식하기 위해
온갖 노력을 기울였다.

이것은 사람들이 대개 소홀히 하는 일이다.
사람들은 이미지들이 그대로 떠오르도록 하면서
거기에 대해 무척 놀라기도 하지만 그것으로 그치고 만다.

사람들은 그것을 이해하려고 고심하지 않는다.
결국, 무의식의 부정적 작용을 불러일으키게 된다.
우리가 내적 인격이 무엇을 원하고 무엇을 말하는지
주의를 기울인다면 마음의 고통은 사라진다.

카를 구스타프 융 [1)]

---

1) 카를 융 기억 꿈 사상(2009, 김영사), p351~353.

여 는 글

꿈의 책을 시작하며

분석심리학의 창시자 칼 융은 어린이들이 꾸는 꿈 해석을 통해 어린이들의 주된 정서와 현재의 감정을 이해할 수 있다고 하였다. 그러한 이유로 그는 어린이들의 꿈 이야기를 듣고 해석하는 세미나를 여러 차례에 걸쳐 진행하였다. 특히 그는 성인들이 자신이 어린 시절 꾸었던 꿈을 선명하게 기억하는 꿈들을 해석하는 것을 중요하게 여겼다.

이 책은 칼 융의 꿈 해석 세미나의 실제 사례들을 소개하고, 필자의 꿈 해석 세미나의 실제 사례들을 담았다. 필자는 칼 융의 [Children's Dreams] 원서를 읽고 어린이들이 꾸는 꿈을 성인이 된 시점이 아닌 꿈을 꾸었던 아이였을 때 부모들이 아이들로부터 꿈 이야기를 듣고 해석할 수 있다면, 아이들의 마음을 이해하는 데 더없이 좋겠다고 생각했다. 부모들은 보통 어린이들이 밤에 꾸는 꿈 이야기를 들어도 그 꿈이 얼마나 중요한 의미를 지니고 있는지 모른 채 무심히 흘려보내기 때문이다.

이 책에 실린 칼 융의 꿈 세미나에는 모두 성인들이 참여했고 그들이 아주 오래전 어렸을 때 꾸었던 꿈을 기억하고 그 꿈들을 다루었다. 그러므로 이 책에서 칼 융이 다루는 어린이의 꿈은 어린이가 말하는 꿈이 아닌 성인이 어린아이였을 때 꾸었던 꿈을 다룬 것이다.

어린이들도 어른들과 똑같이 복잡한 감정 체계를 가지고 있으며, 성장 과정에서 두려움과 불안, 소외감과 외로움까지 여러 가지 감정을 느낀다. 그러나 어른들은 아이들의 감정을 모두 알아차릴 수 없고 이해하기도 어렵다. 어린아이들은 언어나 행동으로 자신의 감정을 명확히 표현할 수 있는 능력이 없으며, 마음을 전달하는 소통의 기호체계도 미약한 상태이기 때문이다. 예를 들면 자신이 느끼는 감정과 감정의 고유명사를 연결하지 못한다. 그 감정이 사실은 '외로움'인데 어른들처럼 '나는 외롭다.'라고 인지하지 못한다는 것이다. 미처 표현하지 못하고 내재 된 감정들은 잠을 자는 동안 꿈의 요소들로 구성되어 나타난다. 따라서 꿈 해석은 어른들이 차마 알지 못했던 어린 영혼의 깊고 강렬했던 감정을 알게 되어 아이의 현재 정서를 이해할 수 있는 중요한 방법이다.

어린이들도 어른들도 무의식 안에 그림자라고 불리는, 마치 '고여있는 우물' 같은 공간을 가지고 있다. 그림자는 가장 진실하고 중요한 메시지를 꿈을 통해 보내주기에 꿈 해석은 그 중요한 메시지에 관심을 가지고 이해하고 보살피며, 지금의 삶에서 경험하고 있는 마음속 어려움을 해결해 주는 방법이다. 우리가 꼭 해야 할 삶의 중요한 과제는 자기의 그림자를 만나고 이해하고 존중해 주는 일이다. 내 그림자를 알지 못하면 성장하지 못하고 앞으로 나아가기 어렵다. 이 책은 어린이의 꿈과 성인이 기억하는 어린이의 꿈을 함께 다루고 있다. 성인들이 어린 시절에 꾸었던 꿈을 아직도 선명하게 기억하고 있는 경우를 자주 볼 수 있다. 그렇게 어린이의 꿈과 어른이 기억하는 꿈은 과거와 현재라는 시간의 관계로 연결되어 삶에 영향을 미치고 있다.

칼 융은 인간의 무의식을 개인 무의식과 집단 무의식으로 나누어 구별하였다. 개인 무의식은 한때 의식에 있던 것을 억압하여 무의식으로 보내져 의식에서는 잊어버린 것이고, 집단 무의식은 신화와 종교, 토착 문화 등이 인간의 무의식과 연결되는 것으로서 인간 무의식의 가장 깊은 곳에 존재하는 인류의 보편적인 정신세계의 기초를 이룬다.

칼 융이 그의 저서 [Children's Dreams]에서 서구사회와 신화를 중심으로 한 집단 무의식에 근거하여 해석한 꿈들은 한국인들의 정서에는 맞지 않는 부분이 있어서 이 책에서는 다루지 않았다. 집단 무의식에는 인류의 공통적 집단 무의식이 있

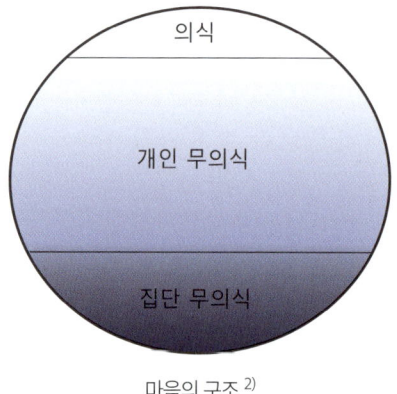

마음의 구조 [2]

고 각 나라의 집단 무의식이 있기에 한국 사람들만의 집단 무의식이 있기 때문이다. 한국인들은 문화적·사회적 맥락에서 서구사회 사람들보다 다른 사람들의 시선을 의식하고 타인의 인정과 평가를 중시하며, 감정적으로는 더 억압하고 방어하려는 경향이 있다.

이 책에서 다룬 필자의 꿈 해석 사례는 집단 무의식의 요소에 근거하여 꿈 해석을 하기보다는 꿈을 꾸었던 시기의 개인적인 맥락과 개인적인 상징, 즉 개인 무의식에 근거하여 대부분의 꿈을 해석하였다. 또한, 꿈의 제공자 스스로 해석하고 싶어 하는 의지의 수준에 맞추어, 마음을 여는 태도의 정도에 따라 조

---

2) 카를 융 인간의 이해(2018, 가와이 하야오, 가와이 도시오, 김지윤 옮김, 바다출판사) p93.

심스럽게 대화를 이끌어 나가고 스스로 깊게 생각해 볼 수 있는 여백을 제공해 주었다. 해석의 결과는 꿈을 꾼 사람이 선택하도록 이끌어 주며 필자는 그 방향을 잡는 데 도움을 주었다.

우리는 모두 꿈을 이미지로 기억하고, 그 기억을 떠올려 이야기할 수 있다. 그러나 현재 시점에서 꿈의 이야기를 할 때는 지금 내 의식에서 취하고 싶은 것들만 취해서 말하고 싶은 방식과 내용으로 이야기를 하게 된다. 그런 이유로 꿈을 꾼 그대로의 기억, 그 이미지를 그대로 그림으로 그려보는 것이 꿈 해석에서는 매우 효과적인 방법이다. 우리에게 가장 중요한 감정과 해결되지 못한 욕구와 소망들은 여전히 그림자 안에서 웅크리고 있다.

필자는 지금까지 대략 삼백 명 정도 사람들의 꿈 해석을 진행하였고 대부분은 성인들을 대상으로 진행하였다. 꿈 해석을 진행하는 사람의 역할에서 가장 중요한 것은, 참여자의 내적 세계와 꿈을 그림으로 표현하며 이야기하는 외부세계 사이의 상호작용을 관찰하는 것이다. 또한, 꿈의 중요한 메시지를 알아차리고, 꿈을 꾼 사람이 그 메시지를 스스로 발견하도록 돕는 것이다.

꿈 해석의 진행자는 참여자가 용기를 내어 자신의 그림자를 만나고 해결해야 하는 중요한 내적 과제들을 스스로 할 수 있도록 안전한 환경이 되어주어야 한다. 꿈 해석에 있어서 가장 중요한 것은 꿈의 의미를 알고 싶어 하는 참여자의 의지이다. 작은 파문이 큰 파도를 일으키기 마련이다. 그 파도는 언젠가는 꼭 한번 넘어야 할 우리 삶의 중요한 숙제이다.

이 책은 칼 융의 책 [Children's Dreams]을 소개하고자, 1차 모든 내용을 번역하고, 이후 한국인들에게 보편적으로 도움을 줄 수 있다고 생각되는 중요한 부분과 사례들을 중심으로 하여 필자의 글로 편저작업을 하였고, 그 내용은 이 책의 Ⅱ장에 담겨있다. 그리고 필자가 직접 진행했던 한국 어린이들과 성인들이 기억 하는 어린 시절의 꿈 세미나 사례들의 실제 그림과 내용을 다루었다. 칼 융의 사례와 필자의 사례에서 꿈을 꾼 사람과 진행자의 대화 내용은 유의미한 부분만 정리하여 이해하기 쉬운 대화체 방식으로 구성하였다.

이번 책에서 다룬 어린이들의 꿈 이야기를 통해 어린이들이 느끼는 깊은 감정들과 성숙함을 느끼고 매우 놀라웠다. 함께 참여했던 아이들의 부모님들도 전혀 생각하지 못했던 아이들의 마음을 알게 되는 대단히 의미 있는 경험이었다. 이 책이 한국의 부모님들이 미처 알지 못했던 내 아이의 속마음을 알게 되고, 나아가 어른들이 어린이들의 정서를 이해하고, 더욱 친밀한 소통을 하는 데 도움이 되리라 믿는다.

성인들이 어린 시절에 꾸었던 꿈 내용은 꿈과 현실의 관계를 이해하고 삶에서 경험했던 모든 것이 실제의 삶과 연결되어 있다는 것을 다시 인지하게 되어, 나 자신과의 관계가 더 깊어지기를 소망한다. 또한, 미술치료와 통합예술치료, 심리학과 심리상담 등 관련된 분야에 학업 중이거나 업무에 종사하는 분들이 마음을 다스리는 데 이미지를 활용하는 것의 중요성과 꿈 해석의 가치를 다시금 인지하고, 그것을 실현하는 데 도움이 되기를 바란다.

칼 융의 두툼한 원서를 번역하느라 꼬박 일 년 동안 매일 같이 큰 수고를 하신 정신호 선생님과 권영주 선생님께 진심으로 감사하는 마음 보낸다. 이 책을 출간하도록 긴 시간을 기다려 주시고 아낌없는 응원을 보내주신 출판사 '따스한 이야기' 김현태 대표님께도 깊이 감사드린다. 이토록 의미 있는 일에 마음을 함께하는 동행자들이 많아서 행복하다.

홍 지 영

목차

여 는 글 005

I. 꿈의 의미와 꿈 해석의 가치

1. 꿈을 다루는 의미 019
2. 꿈 해석의 과정 023
3. 내 아이의 꿈 알기 030

II. 칼 융의 세미나 _ 성인의 어린 시절 꿈 해석 사례

1. 칼 융의 꿈 이론 041
2. 세미나를 시작하며 049
3. 정체성 052
   1) 물속에서 죽은 소녀 052
   2) 사랑스러운 소녀 060
   3) 인형과 괴물 064
4. 저항과 성장 069
   1) 요정과 뱀 069
   2) 다이아몬드처럼 반짝이는 눈을 가진 뱀 073
   3) 무지개 꿈 076
5. 부모의 이야기 080
   1) 부모님의 죽음의 가면 080
   2) 회전 막대 085
   3) 위협적인 거인 / 닥스훈트 / 퍼걸러와 운동 089
   4) 털로 뒤덮인 괴물 096

III. 한국의 세미나 _어린이의 꿈 해석 사례

세미나 이야기 — 107
1. 아무도 몰라주는 내 마음 — 109
2. 혼자서는 헤엄쳐 나올 수 없었던 호수 — 115
3. 사는 게 지루해 — 121
4. 사실은 좋아하는 남자친구가 있어요 — 126
5. 내 힘으로 서야 한다는 걸 나도 알아요 — 132
6. 엄마는 나를 좋아하는 걸까 — 138
7. 부모님의 이야기 — 144

IV. 한국의 세미나 _성인의 어린 시절 꿈 해석 사례

1. 엄마가 사라질까 봐 불안해 — 151
2. 내가 가족들을 보호해야 해 — 155
3. 여기를 떠나고 싶어 — 159
4. 나를 짓누르는 두려움 — 164
5. 나는 이제 겨우 다섯 살인데 — 169
6. 엄마, 아빠에게 상처받은 마음 — 173
7. 내가 싫어 — 181
8. 내 간절한 꿈과 희망 — 186
9. 버티기 힘들었던 늘어진 다리 — 190
10. 나는 오래전부터 외로웠어 — 195

닫 는 글 — 199

Children's Dreams

어린이 꿈의 심리학

홍지영 편저 • 정신호 권영주 번역

I. 꿈의 의미와 꿈 해석의 가치

무의식이 눈에 보여야만
무의식을 의식으로 통합시키는 것이 가능하다

그렇지 않고 무의식이 사라지게 되면
무의식은 어둠 속에서 작용할 것이고
결과적으로 나 자신을 공격할 것이다

무의식을 두려워해서는 안 된다

칼 구스타프 융 [3]

---

3) 꿈의 분석(정명진 옮김, 2016, 부글북스), p258

이 책을 통해 꿈 해석의 사례들을 만나보며 그 과정과
흐름에 마음을 열고 함께 해보기를 권한다. 그 후에는 내가
꾼 꿈을 스스로 해석해 보거나 가까운 누군가의 특별한
꿈을 함께 해석해 보는 시도를 해보기를 바란다. 전문가가
아니라 체계적인 흐름이 되지 못하고 모호하게 느껴지더라도
꿈에 대한 관심이 없었던 이전과는 달리 새롭고 흥미로운
이야기들을 찾게 될 것이다.

1. 꿈을 다루는 의미

칼 융은 꿈이 어떤 목적을 가지고 있다고 했다. 꿈은 우리의 삶의 의미를 찾게 해주고 잠재력을 발견하게 해주며, 삶의 어려움을 극복하는 방향과 길을 제시한다는 것이다. 결국 더 나은 삶을 위해, 더 행복하기 위해 꿈을 알고 이해해야 한다는 것이며, 자기의 무의식을 만나고 그림자를 만나지 않는다면 성장은 불가능하다.

우리가 무의식을 만나야 하는 이유는 무의식이 의식을 지배하지 않도록 하기 위한 것이다. 보살피지 않는 무의식은 삶의 특정한 상황에서 반복적인 문제를 일으킨다. 무의식은 관심을 두지 않을수록 강해지기 때문이다. 무의식에게 기회를 주는 것이 의식의 역할이지만, 무의식을 알아야 하는 가장 중요한 이유는 의식을 확장하여 성장하고 발전하기 위한 것이다. 의식이 무의식을 만나면 그림자는 어둠에서 빛으로 향하고, 비로소 빛을 찾게 된다.

꿈을 꾼 후에는 기분이 좋을 때도 있지만, 기분이 불편할 때가 더 많다. 꿈에 나오는 상황과 사건이 보통은 답답하고 불안하며, 때로는 두려움과 공포를 느낄 때도 있다. 또는 이해할 수 없는 일, 현실에서는 상상할 수 없는 기이한 대상이 출현하고 황당한 상황이 벌어지기도 한다. 꿈의 세계는 우리의 무의식을 다루고 있고 무의식의 세계는 프로이트의 연구와 발견으로 처음 시작되었다.

프로이트의 제자였던 칼 융은 깊고 암담하고 어려웠던 무의식의 세계를 우리에게 좀 더 가까운 곳으로 가져와, 보다 친밀하고 편안하게 느끼며 다룰 수 있게 하려고 평생 노력했다. 전통적인 무의식의 이론을 현대화하는 데 기여를 했고, 무의식을 '내적 인격'이라는 용어로도 사용하였다.

우리가 평소에 감지할 수 없는 무의식의 세계는 잠을 자는 동안 꾸는 꿈을 통해 나타나고, 현실에서 해결해야 할 중요한 과제를 꿈을 통해 알려준다. 현실에서 스스로 해결할 수 있고 쉽게 다룰 수 있는 것들은 문제가 되지 않는다. 문제는 스스로 인식하거나 해결할 수 없고 원인을 알 수 없는 의문의 것들이며, 이런 것들이 해결되지 못한 채 내면의 깊은 곳, 무의식의 자리에 오랫동안 고여있는 것이다.

무의식은 꿈을 통해 나타나 우리에게 직접적인 메시지를 보내지만, 사람들은 꿈을 대수롭지 않게 여기거나 쉽게 잊어버리고 만다. 그런 이유로 다시 무의식의 공간에서 머물고 있다가 현실에서 어떠한 감정적 자극을 받거나 힘든 일을 경험할 때 불쑥불쑥 제 모습을 드러내고는 한다. 내 의지대로 고쳐지지 않는 습관적이고 반복적인 문제가 있거나 이해하기 어려운 나 자신의 행동, 그리고 받아들이기 어려운 타인의 행동까지, 그 이유는 해결하지 못하고 멀리 던져 놓았던 중요한 이야기가 무의식 안에 오랫동안 고여있었기 때문이다. 우리 삶의 가장 중요한 과제는 고여있는 그 우물 안에 있다.

진실한 것들은 항상 불편하다. 진정한 나 자신으로 살고 싶은 욕구를 억누른 채 사회 속에서, 관계 속에서 좋은 사람이 되고, 인정받는 사람으로 살기 위해 노력해온 우리에게 진실을 마주하라는 요구는 불편할 수밖에 없다. 내가 보살피지 않았던 진실은 불편한 것들이며, 결국은 사라지지 않고 꿈을 통해 등장한다. 불편하지만 우물 같은 무의식 속을 들여다보며 무엇이 고여 있나 살펴보고 마주하는 용기를 내지 않으면 삶 속에서 반복되는 문제는 사라지지 않을 것이다.

모든 것은 그냥 지나가지 않는다. 시간이 흘러서 우리의 의식에서 멀어질 뿐, 의식이 밀어낸 무의식은 우물 속에 고여있으면서 그 힘은 점점 강해지고 있다. 내가 진짜 내 모습을 회피하고 밀어내면 밀어낼수록 무의식의 힘은 더욱 강해진다는 것이다. 어린 시절의 기억과 지난 과거의 기억 중 잊고 싶어서, 생각하고 싶지 않아서 회피해온 것들이 있다면, 바람이 불어올 때마다 제 모습을 드러낼 것이다. 모든 감정에도 애도가 필요하다.

다행스럽게도 칼 융은 꿈을 해석하는 위대한 연구를 해주었다. 우리는 그가 해온 평생의 노고 덕분에 꿈을 통해 무의식을 친밀하고 다정한 방법으로 만날 수 있게 되었다. 바람이 불어올 때마다 뜬금없이 나타나곤 하는 문제들의 이유를 알 수 있게 되었고, 극복하고 해결할 수 있게 되었다. 이제 우리는 무의식이라는 각자의 우물 속에 얼마나 소중한 이야기들이 기다리고 있는지 꿈을 통해 만나보고, 들어볼 수 있다. 그의 노고에 참 감사하다.

2. 꿈 해석의 과정

꿈은 있는 그대로 진실을 말한다

칼 구스타프 융 [4]

    칼 융은 인간 정신의 뿌리인 무의식을 알지 못하면 자아를 설명할 수 없다고 했다. 자아는 정신의 중심으로서 현대인들에게 중요한 개념인 '자아정체성(Identity)'을 이루는 것이다. 어린이와 청소년, 대학생과 사회 초년생, 중년과 노인까지, 우리는 평생 '내가 누구인가'의 문제로 고민을 한다. 무의식에는 내가 무시하고 돌보지 않았던 것들도 있지만, 내가 미처 알지 못했던 잠재력과 능력, 그리고 힘이 숨어있다. 이는 무의식을 의식화하는 과정에서 만나는 감정들은 비로소 이해받게 되고 삶의 원동력으로 바뀔 수 있다는 것이다.

[4] 꿈의 분석(정명진 옮김, 2016, 부글북스), p256

성공한 삶이란 자기를 잘 알고 자아실현을 하며 살아가는 것이다. 자아실현은 인간의 여러 가지 욕구 중 가장 우위에 있는 것으로서, 인간의 행복을 위한 첫 번째 조건에 해당한다. 그러므로 자아실현을 하기 위해 아직 시도조차 해보지 못하고 숨죽이고 있는 잠재력과 힘을 탐색하고 발견하는 일은 무엇보다 중요하다. 내 무의식에 있는 더 좋은 것들을 찾기 위해서라도 꿈을 기억하고 마주하는 용기를 내야 한다.

우리의 무의식을 어떻게 탐색하고 만나고 이해할 것인가? 내 무의식을 만난다고 생각하면 누구나 두려움부터 앞서기 마련이지만, 흥미롭고 안전하게 무의식의 산물을 다룰 수 있는 방법이 꿈을 해석하는 것이다. 우리는 꿈을 기억할 때 어떤 내용이나 맥락이 아닌 이미지로 떠올린다. 칼 융은 이미지에 중요한 가치를 부여하며, 우리가 잘 모르고 있지만, 우리가 의식하는 모든 것은 하나의 이미지이고, 이미지는 곧 정신이라고 했다. 심리학 용어로 그것을 '심상(心象)'이라고 한다.

그는 스스로 그림을 그리고 글을 써서 꾸준히 그림일기를 작성하기도 했고, 자신의 꿈을 그림으로 옮겨 스스로 분석하는 노력을 기울였다. 그림을 그리는 행위를 통해 진정한 자기를 만나게 되었고, 이것은 치유와 성장의 효과적인 방법이라고 여겼다.

우리는 꿈을 기억하는 심상 그대로 그림으로 옮겨 보는 과정에서 다시 선명하게 꿈을 만나게 된다. 신중하게 그림을 설명하며 꿈 이야기를 해나가는 과정을 통해 나에게 무엇이 필요하고 무엇이 중요한지를 알게 된다.

꿈을 그림으로 옮기고 대화를 통해 꿈을 해석하는 과정은 경험이 많은 전문가에 의해 매우 체계적이고 객관적이며 안전한 방식으로 이루어져야 한다. 그러나 꿈은 매우 개인적이고 그림을 그리고 이야기하는 과정에서 의식이 통제를 하거나 억압하는 부분이 있으므로 때로는 객관성이 미비해지기도 한다. 그럼에도 불구하고 꿈 해석이 중요한 이유는 꿈을 그림으로 그리고 이야기하는 과정에 큰 가치가 있기 때문이다. 그 과정을 경험하는 것만으로도 개인에게는 큰 의미가 있고 새로운 깨달음과 발견이 분명히 있기 때문이다. 꿈 해석의 목적은 꿈을 해석하여 도출되는 결론이 아니라 해석의 과정에 있다.

이 책을 통해 꿈 해석의 사례들을 만나보며 그 과정과 흐름에 마음을 열고 함께 해보기를 권한다. 그 후에는 내가 꾼 꿈을 스스로 해석해 보거나 가까운 누군가의 특별한 꿈을 함께 해석해 보는 시도를 해보기를 바란다. 전문가가 아니라 체계적인 흐름이 되지 못하고 모호하게 느껴지더라도 꿈에 대한 관심이 없었던 이전과는 달리 새롭고 흥미로운 이야기들을 찾게 될 것이다. 그림을 잘 그릴 필요는 없다. 꿈에 나타났던, 기억할 수 있는 모든 것을 그림에 넣어 보는 것이 중요하고, 꾸밈없이 있는 그대로를 표현해야 한다.

성인들이 스스로 꿈 해석을 해볼 수 있는 간단한 과정을 안내하려고 한다. 혼자 한다면 말 대신 글로 적어보는 것이 좋고, 누군가와 함께한다면 각자의 꿈을 그린 후 한 사람씩 교대로 동행자가 되어주어 꿈 이야기에 경청해 주기로 한다. 그림을 완성한 후에는 거리를 두고 그림을 바라보고, 상대방은 그림에 관해서 부담되지 않는 질문만 간단하게 한다. 자기가 생각한 방향으로 끌어가려고 하거나 추측이나 판단, 해석하려고 하는 자세는 금물이다.

아래에 소개한 질문 정도만 하고 차분하고 신중한 태도로 상대방의 그림을 다루도록 한다. 잘못하면 주인공이 바뀌어 버려서 경청해야 하는 사람이 자기 이야기에 정신이 팔릴 수도 있다. 꿈의 해석은 그 꿈을 꾼 주인의 역할이다.

성인의 셀프 꿈 해석

준비물

1. **종이** : 흰색 도화지 또는 흰색 A4용지 등 줄이 없는 흰색 종이를 사용한다.
2. **채색도구** : 채색 도구는 무엇이든 좋다. 색깔이 다양하다면 그림을 그리는 시간이 더욱 즐겁다. 만약 없다면 연필이나 볼펜을 사용해도 나쁘지 않다.
3. **마스킹 테이프** : 어느 벽이든 붙일 수 있다. 벽에 붙이지 않고 책 스탠드에 올려놓고 바라보거나 다른 가능한 도구를 사용해도 좋다.

방법

1. 가장 최근에 꾼 꿈, 가장 선명하게 기억나는 꿈, 특별하게 기억나는 꿈, 반복해서 꾸는 꿈, 어릴 때 꾼 꿈이지만 아직도 기억나는 꿈 중 하나를 선택하고 이미지를 떠올리는 데 집중한다. 눈을 감고 떠올려본다면 이미지가 더욱 선명해질 것이다.

2. 꿈속에서 나는 어떤 기분이었는지를 기억해 본다.

3. 종이에 꿈을 그린다. 이때 그리기 싫은 것이 있어도 기억나는 것들을 모두 그린다.

4. 그림을 그리는 동안 느낀 것은 무엇인지, 기분은 어땠는지, 그리기 싫고 불편했던 것은 무엇이고, 그리기 편했던 것은 무엇인지 생각해 본다.

5. 그림이 완성된 후 거리를 두고 바라본다. 그림을 벽에 붙여 놓고 좀 떨어져서 볼 수 있다면 가장 좋다.

6. 그림을 보는 기분이 어떤지 말해본다.

7. 어떤 꿈이었는지 설명하고, 무엇을 그렸는지 말해본다.

8. 그림 속에 등장하는 모든 형상에 관해 하나씩 개별적으로 다루어 실제로 그 대상에 대해 어떻게 생각하고 어떤 느낌이 있는지, 그리고 그것을 보면 무엇이 연상되어 떠오르는지(다른 사물이나 어떤 사건 등) 각자의 그림을 보면서 말해본다.

9. 이야기하고 있는 지금은 어떤 기분이 드는지 말해본다.

10. 꿈을 설명하는 동안 갑자기 든 생각이나 과거에 있었던 어떤 사건이나 상황이 연결되어 떠오른 것이 있으면 이야기한다.

11. 경청해 준 다른 사람이 옆에 있다면 궁금한 것을 질문하고 대화를 나눈다.

12. 그림에 나타난 요소들에 각각 개별적으로 어떤 의미를 부여하고

싶은지, 어떤 의미라고 생각되는지 구체적으로 이야기한다.

13. 꿈을 그리고 탐색하고 이야기하는 과정에서 새롭게 느끼고 발견한 것을 말해본다.

14. 내 꿈은 내게 어떤 메시지를 보내고 있는지, 꿈이 내게 알려준 것은 무엇인지, 이 과정을 통해 무엇을 배웠는지 말해본다.

꿈의 장면에 나타난 요소들의 이미지를 모두 종이에 담아보고 각각의 요소들에 대해 구체적으로 설명해 본다. 각 요소에 내가 부여하는 의미 즉, 그 대상과 나의 관계를 생각해보는 것이 중요하다. 각각의 대상은 내 삶의 이야기 속 어떤 것들을 상징적으로 드러내고 있으며, 이는 무의식 속에 어떤 상태로 소외되어 고여있었는지, 그 진실에 대한 열린 마음이 필요하다.

오랫동안 반복적으로 꾸는 불편한 꿈이 있었던 경우에는 꿈 해석을 경험한 이후에 그 꿈을 꾸지 않거나 꿈의 내용이나 느낌이 조금 편안하게 바뀔 수 있다. 만약 다시 그 꿈을 꾸지 않는다면, 이해받지 못하고 방치되어왔던 그 마음이 충분히 이해받는 경험을 했다는 의미이다.

3 내 아이의 꿈 알기

> 모든 사람은 저마다 나무를 하나씩 가지고 있다.
> 그 나무는 무의식 안에서 자라난다.
> 나무에게 무슨 일이 일어나면, 아이에게도 무슨 일이 일어난다. 나무가 무성하게 잘 자라면, 아이도 마찬가지로 번창하고 행복을 누릴 것이다
>
> 칼 구스타프 융[5]

　모든 관계는 소통과 이해의 깊이에 따라 달라진다. 세상의 어떤 관계보다 친밀한 관계는 부모와 자식의 관계로서 유일하게 무조건적 사랑이 가능하다. 부모의 역할은 무한히 많지만 가장 중요한 것은 영유아기 시절의 지혜로운 양육과 충분한 보살핌이다. 그 시기에는 부모의 양육방식과 태도가 아이들의 정서와 성격 형성에 막중한 영향을 미친다. 부모로서 아이를 보살피고

---

[5] 꿈의 분석(칼 구스타프 융, 2016, 부글북스), p322.

사랑하는 일에 있어서 가장 무거운 책임감을 느끼는 시기이기도 하다. 이때 아이들은 자신을 떠나 부모와 형제, 어린이집과 유치원, 학원과 학교로 자신의 생활 환경이 확장되면서 미처 준비하지 못한 다양한 사회적 상황에 부딪히고 스트레스를 경험하게 된다. 내 중심으로 돌아가던 세상이 갑자기 달라지는 경험을 시작하는 것이다.

그러나 자기의 언어가 아직 제대로 구성되지 못한 시기이고, 마음속으로 느끼고 생각하는 것들을 어떻게 표현해야 하고, 어떻게 대응해야 하는지 알지 못한다. 우리가 느끼는 수많은 감정, 그리고 때로는 그 감정들이 복잡하게 그물처럼 연결되어 엉켜버리는 현상을 아이들도 똑같이 느낀다. 다만 자신이 느끼는 감정의 이름들을 아직 알지 못할 뿐이다. 아이들의 눈높이가 되어 상상해보면 이 얼마나 답답한 일인가.

우리가 어린 시절의 기억으로 돌아가 보면, 지금보다 훨씬 자주 꿈을 꾸었다는 걸 떠올릴 수 있다. 필자는 실제로 집에 있었던 나보다 키가 큰 가구 위에서 바닥으로 떨어지는 꿈을 자주 꾸었었다. 꿈속에서 놀라서 눈을 뜨면 너무 무서웠던 느낌을 아직도 기억한다. 그 옛날에는 어른들이 높은 곳에서 떨어지는 꿈은 실제로 키가 자라는 꿈이라고 했다. 그 해석은 옛날 어른들이 꿈을 꾸고 난 후에 기분이 나빠 보이는 아이들을 달래는 하나의 방식이었고 믿음이었다.

칼 융은 유치원이나 학교에 처음 입학하는 시기의 아이들이 높은 곳에서 떨어지는 꿈을 자주 꾸게 된다고 했다. 그 꿈을 꾸는 이유는 엄마와 자기를 동일시했던 어린아이가 엄마와 자기를 심리적으로 분리하기 시작하면서부터, 자신의 독립적인 존재함과 힘이 필요하다는 것을 무의식적으로 감지하기 시작했기 때문이라고 했다. 아이 스스로가 독립적이고 개별적인 존재라는 것을 느끼게 되면서 세상 속으로 나아갈 준비를 하며 스스로 두려움을 극복하려고 애를 쓰는 본능적 성장이라는 것이다. 인간은 본능적으로 환경과 사회에 적응하며 그 속에서 성장하고 자기실현을 하려는 욕구가 있다. 아이들은 특별히 가르쳐주지 않아도 저절로 자라난다고 어른들이 말하는 것이 바로 이런 것이다. 어린아이들도 자기의 삶을 잘살아 보려고 애를 쓴다.

엄마의 보호와 부모의 품에서 벗어나서 만나는 사회에서 아이들은 자주 위축감을 느끼고 두려움을 만나게 된다. 나를 무조건 지지해주지 않는 사람들과 관계를 맺게 되면서 아이들은 합리적인 생각과 처신을 하기 어렵다. 집으로 돌아오면 든든하게 자기편이 되어주는 부모가 있지만, 부모도 아이가 기대했던 만큼 자신의 마음을 알아주지는 못한다. 언어가 확립되지 못한 시기에 자신의 마음을 정확히 표현하는 일은 불가능하고, 또 잘못하면 오히려 부모에게 혼나는 일이 벌어질 수도 있다.

그러한 이유로 우리가 그랬던 것처럼, 요즘 아이들도 자주 꿈을 꾼다. 그동안 무심히 듣고 큰 의미를 두지 않았던 아이의 꿈 이야기는 아이의 가장 깊은 내면의 인격이고 온전한 진실이다. 아이들의 꿈을 이해하는 방법은 우선 아이 스스로 꿈을 꾼 후에는 부모에게 재미있는 이야기를 들려주듯 이야기를 할 수 있도록 기회를 주고 경청해 주는 일이다. 그 시간을 경험하는 것만으로도 아이는 표현하지 못했던 자신의 속마음을 이해받는 느낌이 들 수 있다. 또한, 스스로 자신의 꿈에 관심을 가지고 더 잘 기억하려고 노력할 것이다.

아이와 부모가 함께 각자 자기의 꿈을 그림으로 그리고 서로 이야기를 들려주는 시간을 가진다면 더욱 좋다. 아이들도 다른 사람의 이야기를 듣고 마음을 이해하는 태도를 배우게 될 것이다. 부모가 꿈 해석을 경험해 보지 못했어도 괜찮다. 꿈을 해석한다는 거창한 의미를 부여하지 말고 아이와 함께 그림을 그리고 흥미로운 이야기를 나누는 '꿈 놀이'라고 생각하면 좋다. 꿈 해석은 결과가 목적이 아니라 그 과정이 목적이다. 아이와 새로운 방식으로 함께 하는 그 과정만으로도 아이의 속마음을 알게 되고 이해하게 될 것이다.

가정에서 아이들과 할 수 있는 '꿈 놀이' 방법을 소개한다. 그저 즐거운 마음으로 편안하게 시작하면 된다. 단, 꾸준히 하는 것이 좋다. 처음엔 누구나 저항할 수도 있지만 계속하다 보면 표현능력이 좋아지고 창의력도 향상된다.

아이와 함께하는 꿈 놀이

준비물

1. **흰색 도화지** : 도화지의 크기는 아이가 선택하도록 한다. 만약 준비하지 못한 상황이라면 집에 있는 아무 종이라도 괜찮다. 다만 줄이 없는 것과 흰색을 사용한다.
2. **채색 도구** : 아이가 좋아하고 편안하게 다룰 수 있는 채색 도구를 사용한다.
3. **마스킹 테이프** : 벽지에 사용하기 좋은 마스킹 테이프가 있다면 좋지만, 준비하지 못했다면 벽에 붙이지 않고 테이블 위에 올려놓고 보아도 괜찮다.

방법

1. 아이와 함께 테이블 위에 흰색 도화지와 채색도구를 준비한다.

2. 꾸었던 꿈 중에 특별했던 것이나 최근에 꾼 것, 또는 반복해서 꾸는 꿈을 떠올리고 꿈의 내용은 서로에게 말해주지 않은 상태에서 각자 그림을 그린다.

3. 아이가 그림을 잘 그리지 못하거나 주저하는 태도를 보이면 편안한 마음으로 자유롭게 낙서처럼 시작해도 된다고 말하고, 최대한 꿈에

나타난 이미지들을 많이 담을 수 있도록 격려해 준다.

4. 그림이 완성되면 마스킹 테이프를 사용하여 벽에 붙인다. 그림들은 서로 간격을 두게 붙이고 모두 그림을 바라볼 수 있는 위치에 앉는다.

5. 한 사람씩 각자 자기의 꿈이 어떤 이야기를 담고 있는지, 무엇을 그렸는지 이야기한다.

6. 꿈속에서 어떤 기분이었는지, 꿈을 깬 직후에는 어떤 느낌이었는지 말해본다.

7. 그림을 그릴 때는 어떤 느낌이 들었고, 어떤 생각이 났는지 말해본다.

8. 그림 속에 등장하는 모든 이미지에 관해 하나씩 개별적으로 다루어 주고, 실제로 그 대상에 대해 어떻게 생각하고 어떤 느낌을 가지고 있는지, 그리고 그것을 보면 무엇이 연상되어 떠오르는지(다른 사물이나 어떤 사건 등)를 각자의 그림을 보면서 말해본다.

9. 이야기를 한 후에 지금은 내 그림이 어떻게 보이는지, 그 꿈은 어떤 꿈으로 느껴지는지, 지금 현재의 기분과 생각을 말해본다.

10. 내가 꾸었던 꿈이 내 마음이거나 내가 정말 하고 싶은 중요한 이야기일 수도 있다는 것을 말해주고 이야기 나눈다.

11. 나의 어떤 마음이 꿈 그림에서 보이고 느껴지는지 이야기 나눈다.

12. 각자 자신의 꿈 그림에 제목을 붙여주고 도화지 한쪽에 제목을 글로 써준다.

13. 꿈 놀이가 어땠는지 이야기 나눈다.

....

꿈 놀이를 마친 후에는 자신의 마음을 표현하고 이야기를 들려준 아이에게 아낌없는 칭찬을 해준다. 미처 몰랐던 아이의 마음을 알고 아이에게 미안한 일이 있었다면, 엄마가 잘 몰라서 미안하다는 말을 꼭 해주도록 한다. 자기의 마음을 이해받은 아이는 그날 밤 행복한 꿈을 꿀 것이다.

II. 칼 융의 세미나
성인의 어린 시절 꿈 해석 사례

어린이의 꿈은 어린이의 실제적이고
살아있는 현실이다
꿈에 나타난 상징들은 우리의 현실에서
계속해서 영향을 준다

칼 구스타프 융 [6]

---

6) Children's Dreams (C.G.Jung, Ernst, Lorenz Jung, Maria Meyer-Grass, 2008, PRINCETON). Preface.

꿈의 순서는 방사형으로 움직인다. 즉, 꿈은 중심으로부터 뻗어 나가고 이후에 시간의 영향을 받게 되어 마지막 단계에서 꿈의 요소들은 중심요소와 의미에 둘러싸여 배치된다

1 칼 융의 꿈 이론

의식이 강하게 작동하는 삶은 우리를 지치게 한다. 항상 의식이 강한 사람들은 꿈의 상태에 집중할 수 있는 시간이 짧기 때문에 무의식이 강한 힘을 발휘하는 순간을 인식하기 어렵다. 그러므로 의식과 전혀 관련 없는 꿈의 내용을 찾고 마주하는 일은 매우 힘이 들 수 있다. 꿈의 활동과 동기는 무의식으로부터 나오는 것이고 의식과는 무관한 것이다. 만약 누군가가 의식적으로 강제적 꿈을 꾸게 된다면 그것은 꿈이 아니고 의미도 없다.

꿈에 의미를 부여하는 방법은 여러 가지가 있지만, 나는 그동안의 꿈 해석 경험들을 통해 꿈의 다양한 의미들을 발견하였고, 그것을 바탕으로 4가지 꿈의 정의를 제안하고자 한다.

꿈의 정의

1) 의식적 상황에 대한 무의식적 반응
어떤 꿈은 낮의 시간에 받았던 느낌에 대한 보충이자 보상의 방법으로서 의식적 상황에 이어져 따라온다. 이러한 현상은 꿈 이전에 현실에서 받았던 느낌 없이는 생길 수 없는 것이다.

2) 의식과 무의식 사이의 갈등
어떤 특정한 꿈을 유발했던 의식적 상황은 없었지만, 무의식이 자발적으로 일어나는 힘을 계속 다룬다. 따라서 의식적 상황에 무의식이 의식과는 다른 것을 더함으로써, 의식과 무의식 사이에 갈등이 생겨난다.

3) 의식적 자세의 변화 추구
무의식이 의식이 가는 방향을 반대하고 방해하는 것으로서 의식보다 더 강하게 드러난다. 이러한 꿈은 무의식으로부터 의식으로 향해 가면서 연결되는 것을 의미한다. 수용적인 태도를 가진 사람들은 그러한 계기로 인해 변화될 수 있기에 이러한 꿈들은 매우 중요한 의미를 가진다.

4) 의식적 상황과 관계없는 무의식의 과정

이러한 꿈은 매우 특별하고 이상한 특성을 가지고 있어서 해석하기가 힘든 경우도 있다. 현실 상황과 무관한 요소들이 나타나기에 꿈과 관련하여 어떠한 인과관계를 알기 어렵다. 그러므로 사람들은 자신이 왜 그런 꿈을 꾸었는지 당황스러워한다. 오직 무의식의 자발적 생산이며 매우 압도적인 성격을 가진다.

또한, 꿈은 여러 가지 이유와 조건으로 다음과 같은 과정들을 보이며, 5가지 원인의 가능성이 있다.

꿈의 원인

1) 신체적 원인에서 오는 경우

몸이 아프거나 신체가 불편한 경우 신체의 인지에서 오는 경우이다. 이러한 경우는 무의식적인 신체 과정을 통해 몸이 느끼는 현상을 의미한다. 고대 꿈 분석가들은 이러한 신체적 자극 현상을 매우 중요하게 여겼고 오늘날에도 자주 활용된다. 실험(experimental) 심리학자들은 아직도 꿈은 항상 신체적 원인에 근거한다는 견해를 가지고 있다. 누군가 잠들기 전에 많이 먹고 누웠을 때 그와 비슷한 내용의 꿈을 꾸게 된다는 사례를 들

수 있다.

2) 환경에서 오는 물리적 자극

소리, 온도, 빛 등에서 오는 자극들이 꿈에 영향을 미치는 경우이다. 이러한 경우에는 꿈을 꾼 사람이 명확한 시간적 감각을 가지고 있고 짧은 시간 내에 꿈을 꾼다. 꿈속에서 어떤 극적인 순간에 청각적 자극이나 시각적 자극이 발생하는 경우이다. 그러나 꿈에서는 모든 현상이 시각적 순서에 맞게 일어나지는 않기 때문에 무엇이 먼저고 무엇이 나중인가에 대해 말하기는 어렵다. 시간의 질서나 규칙이 없이 꿈의 중심요소에서 모든 요소가 드러난다. 이 내용을 간단한 이미지로 표현하면 아래와 같다.

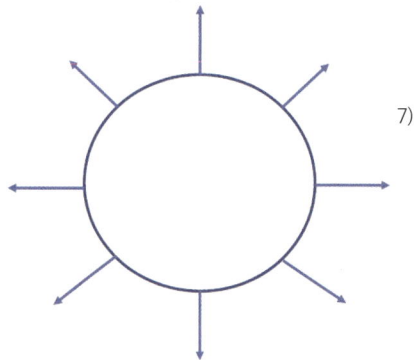

7)

---

7) Children's Dreams (C.G.Jung, Ernst, Lorenz Jung, Maria Meyer-Grass, 2008, PRINCETON). p10.

꿈의 순서는 방사형으로 움직인다. 즉, 꿈은 중심으로부터 뻗어 나가고 이후에 시간의 영향을 받게 되어 마지막 단계에서 꿈의 요소들은 중심요소와 의미에 둘러싸여 배치된다. 때로는 무의식이 미래를 예측하는 것을 관찰할 수 있는데 사람들은 그러한 현상을 별로 중요하게 여기지 않고 우연의 일치일 뿐이라고 간과해 버리곤 한다. 그러한 경우는 미국 인디언들의 주술적 주문의 특징을 가지고 있기도 하다. 세상에는 우리가 설명할 수 없는 물리적 요인이 있다는 것을 알아야 한다. 나는 이러한 것들을 숭배하는 것은 아니지만 이러한 현상들이 있다는 사실 자체는 매우 흥미롭다. 그렇다면 우리는 이러한 것들을 어떻게 설명할 수 있으며, 어떠한 근본적 요인이 이를 대변해줄 것인지 알아야 한다.

3) 무의식으로부터 인지되는 환경 내의 물리적 발생

우리는 환경 내에서 일어나는 물리적 발생을 인지할 수 있다. 분위기나 어떤 느낌은 무의식에 의해 감지가 가능하다. 무의식이 어떻게 이것을 감지할 수 있는지는 알 수 없다. 그런데 꿈에서 이러한 내용이 강렬한 인상을 남기지 않고 별로 중요하지 않은 것들일 수도 있다. 무의식은 중요하지 않은 것까지 알아차릴 수 있기 때문이다. 원인이 분명하지 않은 꿈들도 있고 해석이 어려운 것들도 있다. 다만 분위기를 통해 느낄 수 있을 뿐이다.

4) 과거의 사건들이 꿈으로

이러한 꿈은 매우 의미 있게 생각해야 할 필요가 있다. 만약 삶의 역사적으로 중요한 인물이 나타난다면, 현재 내가 가지고 있는 그 사람의 상징적 의미에 대해 생각해본다. 그 사람이 어떤 사람이었고 어떤 환경에 있었는지를 알게 되면 그 꿈은 해석이 가능해진다. 무의식은 어떤 장면을 똑같이 재생해 낼 수 있는 능력을 가지고 있다. 어떤 사람들은 이러한 사실을 부인하고 부정하려고 한다. 의식과의 연결고리를 잃어버린 꿈은 오랫동안 시간을 보내면서 의식이 완전히 망각하는 경우로서 이런 경우에는 잠복 기억을 되살리도록 해야 한다.

5) 현재에서 알아차릴 수 없는 미래의 사건들

이러한 꿈은 현재에서는 전혀 근거를 가지고 있지 않은 미래의 상황이나 행동에 초점을 둔다. 특히 어린 아이들의 꿈에서는 중요한 미래의 사건들이 예측되는 경우들이 있다. 믿기 어려운 경우이지만, 어떤 꿈을 꾼 후에 현실에서 실제로 똑같은 일이 벌어지는 것이다. 꿈을 꾼 후에 살아가는 동안 성장하고 변화하는 과정에서 그 꿈에 대한 예측이 가능해지기도 한다. 그러므로 어떤 꿈이 매우 인상적이라면 그 꿈은 평생 기억에 남기도 한다.

때로는 피해망상적 (persecutory dream) 꿈을 꾸기도 하는데 다음과 같은 의미를 가진다. 무서운 사자나 늑대가 나를 쫓아오는 꿈을 꾸면 우리는 보통 그것이 나를 쫓아온다고 생각하고, 그것으로부터 도망가기를 원한다. 하지만 사실은 내가 그것을 뿌리치면 칠수록 더 위험해진다. 가장 좋은 태도는 '와서 덤벼!'라고 생각하는 것이다. 꿈을 해석할 때는 그러한 무서운 존재를 마주할 때 저항할 힘이 없다고 생각하는 나 자신을 이해하는 것이 필요하다. 우리는 우리 자신 안에서 나 스스로 만들어 낸 사자나 늑대와 같은 무서운 짐승이 되기도 한다. 그러나 이를 이해하고 받아들이면 그러한 요소들은 다른 것으로 바뀔 수도 있다. 우리는 나 자신의 그림자를 찾기 위해 무의식 안으로 내려가 봐야 하고 다른 방향에서 나 자신을 보기 위해 뒤돌아보기도 해야 한다.

불안한 꿈의 예시로서 유령이 있는 캄캄하고 무서운 지하실로 내려가는 꿈을 꾼다고 하면, 나 자신에게 '자, 어서 내려가서 무엇이 있는지 살펴봐.'라고 말하며 무의식을 만나야 한다고 자신을 책망하고 있다는 의미이다. 우리가 이러한 의미를 알고 있다면 우리는 또 다른 나 자신과 마주할 수 있을 것이다. 우리는 지하에서 마주한 유령에게 '아, 여기에 있구나! 이제 밖으로 나와서 네 진짜 모습을 보여줘!'라고 말할 수 있다. 그럴 수 있다면 우리는 나 자신에게 완전하게 다가갈 수 있는 기회를 얻은 것이다. 이러한 내용을 알고 나면 이후에 꾸는 꿈속에서 그렇게 용기를 낼 수 있거나 꿈 해석의 과정에서 자기 자신에게 이야기해 줄 수도 있다. 우리는 과거에는 가지고 있었지만, 어느 순간 잃어버리게 된 나 자신을 다시 찾고 중요한 가치를 배울 수 있다.

2 세미나를 시작하며

　이 세미나에서는 어린이의 꿈을 다루었는데, 어른이 된 후 기억하는 어릴 때 꾸었던 꿈들이다. 오래된 꿈을 기억하는 것이기에 옛날 그 아이에게 직접 물어볼 수 없어서 꿈을 이해하기 위한 다른 수단을 찾아야 하는 어려움이 있다. 그러나 현재 어린이들의 꿈 해석을 할 때는 아이들로부터 직접 꿈 이야기를 듣는 것에도 어려운 상황이 있다. 아이들은 무서운 꿈인 경우에 그와 관련된 현실의 정보를 제공해 주지 못할 가능성이 있기 때문이다. 어린 시절의 꿈들은 성격의 깊은 부분이 나타나고 나중에 일어날 일을 예측하는 경우도 있기 때문에 중요하다. 나는 가능하다면 사람들이 생애 첫 꿈의 기억을 찾아보기를 원한다.

꿈은 자연적인 현상이고 무의식적으로 나타나는 현상이다. 꿈은 단순한 현상이라고 볼 수도 있지만 이러한 자연적 발생의 의미를 다루는 것은 쉽지 않다. 꿈을 바라볼 때는 가능한 편견 없이 보는 것이 가장 좋지만, 해석을 하는 것은 중요하다. 이는 자연의 법칙이나 순리에 순응하지 않는 현상을 다루는 것과 같은 의미이다. 어렵지만, 자연의 현상을 정신적 언어로 바꾸고, 가설을 만들어야 한다.

어떤 사람들은 이러한 과정이 주관적이라고 생각하고 혼란스러움을 느낄 수도 있다. 그러나 그것을 아직 이해하지 못한다고 해도 꿈의 의미를 추측하는 과정은 매우 의미 있는 일이며 꿈의 진실을 찾아낼 수도 있다. 우리는 그 목적에 다다를 수 있을지 확신할 수 없지만, 이러한 불확실성은 의미를 찾으려고 노력하는 과정에서 극복할 수 있다. 나는 특히 연속적인 꿈을 중요하게 여긴다. 그 꿈들은 꾸어 나가면서 연결되고 다각도에서 중심을 찾으려고 한다.

꿈은 일종의 독백이라고 할 수 있다. 이 독백은 끝나지 않고 계속되고 있지만, 우리의 의식이 너무 강하고 시끄러워 꿈을 들을 수가 없다. 우리가 완벽히 해낸다는 것은 매우 어려운 일이다. 복잡한 꿈일 경우에는 꿈을 분류하는 것이 바람직하다. 일반적으로 적용할 수 있는 꿈을 분류하는 구조는 다음과 같다. 이 구조는 연극적인 구조로서 무의식이 가진 연극적 요소를 보여줄 수 있다.

꿈의 구조

발달 ➡ 전개 ➡ 절정 ➡ 결말

(필자가 칼 융의 세미나 내용을 편저하면서 중요한 내용을 선별하고 축약하였다. 칼 융의 세미나는 자신이 꿈 해석을 했던 사례들을 내용으로 세미나를 열었고, 세미나에 참석했던 사람들과 이야기를 나누었다. 세미나에서 다룬 모든 꿈은 성인이 어린 시절에 꾸었던 꿈이다. 대화 내용에서 A는 칼 융이 한 말이고, B는 세미나에 참석했던 사람들의 말이다.)

3   정체성

1) 물속에서 죽은 소녀 (남, 9세)

내가 호수에 있는 부두에 갔어요. 그곳에는 배들을 정박하기 위해 두 개의 나무 기둥이 땅에 박혀 있었어요. 나는 예전에 실제로 이곳에서 낚시를 한 적이 있어요. 물 안을 들여다보았더니 같은 학교에 다녔고 내가 많이 좋아했던 여자친구가 보였어요.

그런데 그 여자아이가 물속에 죽어있었는데, 얼굴을 자세히 보니 아직 살아 있다고 느껴졌어요. 그 아이는 흰색과 빨간색으로 체크 무늬가 있는 앞치마를 입고 있었어요. 내가 계속 바라보았더니 그 아이의 얼굴이 분리되기 시작했어요. 처음에 십자 모양으로 갈라지더니 넓게 퍼지면서 다 부서져 버렸어요. 죽은 친구를 보는 꿈이었는데 이상한 느낌이 없었어요.

발달 : 나는 호수에 있는 부두로 감.
전개 : 물속을 들여다보니 좋아했던 여자친구가 보임.
절정 : 그 여자아이가 죽어있음.
결말 : 그 여자아이의 얼굴이 십자 모양으로 갈라지면서 넓게 분리됨.

A : 이러한 꿈은 9세의 아이가 자기 정체성을 찾기 시작한 단계에서 볼 수 있습니다. 가족 내 친밀한 관계와 환경으로부터 독립을 시작하는 것입니다. 지금까지 부모와 친밀하게 연결되어 있던 리비도가 부모로부터 분리되어 내면으로(나 자신에게로) 향합니다. 꿈속에서는 꿈꾼 이가 이미 낚시를 해봤던 아는 장소가 나오면서 현실에 대한 암시가 나타납니다. 보통 부두에 가면 물속에는 이상하고 흥미로운 것들이 있습니다. 예를 들면 자전거, 오래된 자동차 타이어, 철로 만든 물건들, 그리고 바닥에는 가끔 죽은 물고기도 있지요. 즉, 모험을 시작한 어린 소년에게 부두는 흥미로운 곳입니다. 호수나 물은 일반적으로 무의식

을 상징하는데 두 가지 속성을 가지고 있어요. 하나는 파괴적인 속성인데 우리는 그 안에 가라앉아 익사할 수도 있습니다. 또 다른 속성은 치유와 구원으로서 재탄생하게 되는 속성입니다.

어떤 공간의 끝에 있는 부두는 불안한 땅의 의미를 가지고 있습니다. 안전하지 않은 장소이지요. 땅과 물을 연결하고 있기에 위기의 상황이라고 볼 수 있습니다. 이것은 꿈을 꾼 이의 심리적 상황을 설명해 주고 있습니다. 그 나이의 아이들은 의식과 무의식 사이에서 줄타기를 합니다. 아직 단단한 의식의 기초를 가지고 있지 않기에 여전히 무의식에 기반을 두고 있습니다. 물속을 보는 것은 나 자신에게 돌아가는 것을 의미합니다. 물속에서 보이는 그 여자아이는 꿈 꾼이 자신의 그림자입니다. 자신의 그림자와 만났던 꿈이라는 것이지요. 어린 소년이 몰두하여 바라본 것은 무의식의 영혼이고, 그의 아니마(anima)입니다.

여자아이가 두르고 있던 앞치마는 여러 가지 의미를 가지고 있습니다. 몸을 보호하기 위해 입기도 하고 장식적으로 입기도 하지요. 그런데 앞치마의 상실은 순결의 상실을 의미합니다. 앞치마는 여성성의 속성이고 소녀들이 무엇인가를 숨기는 장소가 되기도 해요. 또는 어머니의 자궁의 의미도 있으며 어머니의 비밀은 앞치마 안에 숨겨지기도 합니다. 요약하면 앞치마는 여성성을 의미하고 보호하면서 변형하는 기능을 합니다. 또한, 앞치마의 색깔도 의미가 있어요. 빨간색 선과 흰색 선이 교차하고 있는 앞치마의 무늬는 남성과 여성의 반대되는 한 쌍이 교차선에서 통합되는 것입니다. 이러한 통합은 새로운 생명체의 근원이 됩니다. 앞에서 말했듯이 물을 보는 것은 무의식에 다가가는 것이며, 물속의 소녀는 꿈꾼 사람의 아니마가 무의식에 전체적으로 자리 잡고 있다는 것을 의미합니다. 이 꿈은 무의식의 특정한 면, 아니마의 본능적인 특징이 핵심이에요. 소녀의 죽음은 이해이자 변형이고, 재탄생의 가능성도 있습니다. 꿈의 진정한 메시지는 제가 보기에 아직 완전히 선명하게 느껴지지는 않습니다. 꿈의 메시지가 무엇이라고 생각하나요?

B : 이 아이는 친구가 죽었다는 것을 들었습니다. 그런데...

A : 당신은 상황을 상상해야 합니다. 이것이 실제 상황이라면 아이는 많이 놀라야 하는데, 놀라운 것은 이 아이가 그

렇지 않다는 것입니다. 아이가 이상한 느낌조차 없었다는 것에 의심이 가지 않나요? 보통 아이들이 무서울 때 "그거 아무것도 아니야."라고 말하곤 합니다. 당신 자신에게 물어보십시오. 꿈이 이야기하려는 것이 무엇일까요? 꿈은 이야기하고 있지만, 당신은 이것이 복잡하기에 시작하는 것도 어려운 상황입니다. 우리는 절대 삶과 우주의 비밀에 대해 이해할 수 없어요. 그것은 너무 복삽하기 때문입니다. 꿈도 마찬가지입니다. 그래서 겉으로 보이는 단순한 메시지의 의미를 이해하기 위해 우리는 구체적인 것들을 살펴봐야 합니다. 소년이 부둣가에 있다는 사실은 의식과 무의식의 경계에 다가갔다는 것을 의미합니다. 이것이 실제로는 꿈꾼 이에게 무엇을 의미하는 것일까요? 우리는 아주 단순하게 생각하고 이미지에 집중해야 합니다. 그 아이는 땅에 서 있고 커다란 호수의 끝에 와있습니다. 여기서 계속 앞으로 나간다면 어떤 일이 일어날까요?

B : 그러나 그 아이는 계속 갈 수 없습니다.

A : 그렇지만 계속 간다면요?

B : 새로운 세상으로 가겠지요.

A : 어떤 사람이 물에 빠졌을 때, 당신은 그것을 새로운 세상이라고 부릅니까? 그 이상으로 들어가는 것입니다. 거기엔 위험이 있고 아주 조심해야만 합니다. 사람들은 무의식 안에서 낚시를 하고 거기서 자신을 성장시키는 어부와 같습니다. 낚시를 하다가 어느 날은 동화에서처럼 황금 물고기를 잡기도 할 것입니다. 그것은 무슨 의미일까요?

B : 그것은 아니마일 수도 있습니다.

A : 맞습니다. 꿈속의 소년은 그것이 모험이고 위험할 수 있다는 것을 아직 인지하지 못한 채 놀이처럼 느끼고 있습니다. 그 순간 꿈은 그에게 말합니다. '주의하세요!' 그렇다면 우리가 물에서 볼 수 있는 것은 어떤 것일까요?

B : 우리 자신을 볼 수 있습니다. 물속을 들여다보면 우리 자신의 이미지를 보게 됩니다.

A : 맞습니다. 그런데 물은 비밀을 보여줍니다. 소년은 자신

의 거울 이미지를 보지 못하고 좋아하는 소녀를 봅니다. 소녀가 입은 앞치마는 어떤 종류일까요?

B : 요리할 때 사용하는 앞치마입니다.

A : 맞아요. 그러나 왜 그 소녀가 엄마의 요리 앞치마를 하고 있을까요?

B : 그 소녀는 엄마와는 다른 사람이고 엄마와 관련이 없어요.

A : 맞습니다. 그 소녀는 소년의 애정이 향하고 있는 사람입니다. 소녀는 엄마 몰래 엄마가 절대 주지 않는 금지된 사탕을 줍니다. 그러나 그 소녀는 죽었습니다. 이것은 무엇을 의미하는 걸까요?

B : 꿈꾼 사람이 아니마로부터 분리되는 것입니다.

A : 맞아요. 아니마에게 작별하는 것입니다. 이러한 아니마의 발달은 바람직한 것으로 볼 수 있습니다. 죽은 소녀는 그 소년에게 이렇게 말을 합니다. '너의 삶에서 가장 달콤한 꿈이 흩어져 버린다.' 소년은 왜 그런 꿈을 꾸었을까요?

B : 소년은 자기가 아니마에 압도될 위험에 있기 때문입니다.

A : 그것이 소년에게 의미하는 것이 무엇일까요?

B : 소년이 아니마 이미지에 붙잡혀서 세상으로 나아가지 못하리라는 것입니다.

A : 이 메시지를 받은 소년은 어떤 어려움이 있을까요? '엄마 콤플렉스'입니다. 아직 엄마와 분리되지 못한 것입니다. 이것은 엄마 콤플렉스가 있는 소년의 전형적인 꿈입니다. 엄마에게 더 많이 기댈수록 소년의 무의식에서는 더욱 의존적으로 되거나 악마적인 힘이 세질 것입니다. 우리의 꿈에서는 아니마 안에 너무 많은 엄마가 있어요. 엄마로부터 거리를 둘 수 있다면 꿈은 이렇게 말할 것입니다. '이제 끝으로 가고 있어요. 지금까지는 신나게 놀기만 했지만, 이제는 삶의 모험 속으로 가는 것이죠.'

B : 그렇다면 왜 학교 친구가 꿈에 나왔을까요?

A : 소년의 나이 때문입니다. 엄마는 더 이상 아니마를 상징하는 인물이 아닐 수 있습니다. 요리사가 그 자리를 대신

하거나, 앞치마를 두른 다른 여성이 대치합니다. 엄마를 상징하는 사람으로서 그 소녀는 꿈속에서 죽어야만 합니다. 그것은 바람직한 것입니다.

2) 사랑스러운 소녀 (남, 7세)

나는 화장실에서 손을 씻고 있는 소녀를 바라봅니다. 나는 그녀를 매우 사랑했지만, 매우 수줍었어요. 나는 분리의 고통을 느낍니다. 이 꿈은 제가 30세가 될 때까지 계속 적으로 재현되었어요.

발달 : 나는 화장실에서 소녀를 보고 있음.
전개 : 소녀가 손을 씻었고 나는 수줍어했음.
절정 : 나는 분리의 고통을 느낌.
결말 : 없음.

A : 이 꿈은 꿈을 꾼 이가 단지 보기만 하는 수동적인 꿈이라는 게 중요합니다. 화장실은 보통 어둑어둑하고 금지된

곳, 비밀스러운 곳, 위험한 장소 등으로 여겨집니다. 밤에는 혼자 들어가기에 무서운 곳이고 본능적인 욕구를 수행하는 곳이기도 합니다. 꿈은 자세한 내용을 제공하지는 않지만 우리는 이 꿈이 아니마에 관한 것이라고 생각할 수 있습니다. 소년은 분리의 고통을 느꼈는데 그 소녀와 하나가 되지 못하고 분리되어야 하기 때문입니다. 소녀는 아니마의 초기 단계를 의미합니다. 그런데 소년은 소녀에게 다가가지 않고 바라보기만 했어요. 이것은 자신의 아니마를 직접 만나지 않았다는 것을 의미합니다. 아니마는 무의식에서 자율적으로 기능하고 있어서 소년은 수동적으로 바라보고 있는 것입니다. 화장실은 무의식의 공간이고 어린 소년에게 성적인 환상을 일으키는 장소를 상징합니다. 즉, 아니마의 대상은 소녀가 아니라 바로 화장실입니다. 그런데 소녀의 손을 씻는 행동은 화장실에서 자연스러운 행동이지요. 아니마와 화장실 사이의 자연스러운 관계가 만들어진 것입니다. 이것은 우리의 본성 안에 깊은 곳에 자리한 태고의 본성으로서 집단무의식과 관계가 있습니다. 그런데 어떻게 어린아이에 의해 경험이 되는 걸까요?

B : 아이는 처음에 엄마에게 자기 영혼의 이미지를 투사합

니다.

A : 맞아요. 엄마는 아이의 인생에서 가장 큰 역할을 하는 여성입니다. 아이들은 엄마에게 자신의 무의식을 투사합니다. 그런데 왜 여기에서 아니마가 소녀로 나온 걸까요?

B : 아니마는 이미 성적 환상과 연계되어 나타났기 때문입니다.

A : 맞아요. 성적 환상의 출현은 소년과 어머니의 관계에 어떤 결과를 가져올까요?

B : 소년이 성적인 것으로는 엄마에게 다가가지 않기 때문입니다.

A : 그렇습니다. 우리가 엄마에게 성적으로 다가가면 근친상간이 될 것이기 때문입니다. 그리고 소녀가 불결함을 씻는 행동을 그 소년에게 보여주는 것은 마치 '너의 성적 환상은 깨끗하지 않은 것이야.'라고 말하는 것과 같습니다. 만약 소녀와 분리되지 않았다면 소년의 본능은 발달되지 않은 채 남아있을 것입니다. 그러므로 소년은 아니마

로부터 분리되어야 합니다. 그 이후에는 그 꿈속의 소녀와 닮은 여자를 만나는 꿈을 꾸었다고 했는데 이것은 올바른 변화입니다. 그 소녀가 아닌 다른 소녀를 만났기 때문이지요. 만약 그 소녀와 계속 분리되지 못하고 성장한다면, 아이는 실제 삶에서 엄마로부터 분리될 수 없게 되어 엄마에게만 착한 소년이 되고, 자신의 성적 본능은 억압되어 묻혀버리고 말 것입니다. 그렇게 되면 현실에서 그 본능이 잘못된 방향으로 갈 수도 있고 동성애자가 되기도 합니다. 동성애는 아니마와 나를 동일시하는 것으로 여성스러움을 미덕으로 생각하며 심미적 아름다움을 추구합니다. 무의식에서의 관계적 기능이 의식의 관계적 기준으로 변형되어서는 안 됩니다. 의식은 그 문제를 이해할 수 없습니다. 그러나 꿈 이미지는 어떤 감정을 일으켜서 감정적 각인은 계속 남아있게 됩니다.

B : 아니마는 남자의 일생 동안 항상 같은 모습으로 존재하나요?

A : 아니요. 아니마는 변할 수 있습니다. 자기 정체성을 찾는 과정이 시작되면 아니마는 변화하게 되어있어요. 의식의 태도가 변화할 때 성격은 수정되어 집니다.

(이 꿈에 대한 칼 융의 해석을 요약하면, 무의식에서 아니마와의 분리가 계속되면 지나치게 윤리적이어서 스스로 매우 억압하거나 잘못된 방향으로 나아갈 수 있다는 것이다. 그러나 아니마와 분리되지 않고 계속 동일시되면 동성애의 가능성을 가지고 있다. 따라서 적절히 분리되어야 하고 그것을 무시해서도 안 된다.)

3) 인형과 괴물(여, 8세)

내가 언니 인형의 옷을 벗기고 인형을 침대 위에 눕혔는데, 계속해서 그 인형이 옷을 완벽하게 입고 의자에 앉아있는 꿈이었어요. 내가 인형의 옷을 벗겨 놓고 지하실에 내려갔다가 잠시 후 돌아와 보면 인형은 옷을 입고 있었죠. 나는 같은 행동을 세 번 반복하다가 괴물이 인형에게 옷을 입히는 것을 보게 되었어요. 내가 지하실로 도망치려는데 괴물이 뒤에서 나를 따라오기 시작했어요. 그 괴물은 몸이 아주 커서 계단에 꽉 끼인 채로 아주 느리고 조용하게 움직였어요.

발달 : 나는 언니 인형을 가지고 침대 위에서 놀고 있음.

전개 : 내가 지하실에 다녀오는 동안 인형은 옷을 입고 의자
         에 앉아있음.
절정 : 괴물이 인형의 옷을 입히는 것을 보게 되었음.
결말 : 괴물이 나를 따라오기 시작함.

A : 이 꿈의 기본 주제를 자세히 들여다보도록 하지요. 첫 번째는 언니입니다. 언니는 동생의 롤모델이 되었고 아이의 놀이 대상인 인형은 자신이 원하는 미래를 상상할 수 있는 도구입니다. 아이는 언니의 미래의 장면이 마치 자기 것처럼 언니의 인형에게 동일시하고 있습니다. 아이는 자신의 허물을 벗고 자신의 미래에 대한 불확실한 희망을 언니에게 투사하려고 합니다. 아이는 인형의 옷을 벗기고 침대 위에 눕히는 것으로 시작합니다. 그것은 마치 엄마가 아이를 침대에 눕히는 행동과 유사합니다. 엄마는 왜 그런 행동을 할까요?

B : 아이가 잠들게 하기 위해서가 아닐까요?

A : 그렇습니다. 그렇다면 인형이 자야 한다는 것은 무슨 의미일까요?

B : 언니의 미래의 행위가 잠들어야 한다는 의미가 아닐까요? 언니에게 저항하려는 무언가 비밀스럽고 사악한 행동으로 어떤 효과를 무의미하게 만들고자 하는 의도가 있다고 생각됩니다.

A : 정확합니다. 아이들이 어떻게 인형을 가지고 노는가 하는 것은 현실에서 실제로 관련된 사람들과 연결됩니다. 아이가 언니의 인형을 침대에 눕혔을 때, 아이는 언니를 모욕하고 있는 것입니다. 그것은 마치 언니가 가장 좋아하는 행동을 방해하고 있는 것과 같습니다. 아이는 인형에게 이렇게 말하고 있어요. '더 이상의 기대는 하지 마! 아무것도 하지 말고 그냥 자!' 인형이 잠들면 아이와 언니 사이의 놀이는 끝이 납니다. 언니는 움직일 수 없게 되고 아이는 언니의 기능을 대신할 수 있게 됩니다. 우리는 아이들에게서 그러한 방해 행동을 종종 보게 됩니다. 예를 들어 아이들이 일부러 아빠의 모자를 가져가 망가뜨리거나 아끼는 물건을 가져다가 떨어뜨리는 행위 같은 것이지요. 아이는 언니에게서 무언가를 빼앗으려 했었고 언니의 판타지를 자신의 것으로 만들어 스스로 무언가를 성취하려고 했습니다. 그렇다면 괴물은 어떻게 분석할 수 있을까요?

B : 집단 무의식으로 봐야할 것 같아요.

A : 인형의 옷을 입히고 벗기는 것, 앞을 보지 않고 뒤돌아보는 것 등은 모두 무의식에 해당됩니다. 무의식의 영역은 뒤편에서 시작되기 때문이지요. 아이는 뒤를 돌아보며 무의식으로 향하는 어떤 통찰을 얻을 수 있었고 갑자기 느껴지는 두려움을 느끼며 어떤 일이 벌어지고 있다는 것을 알아차리게 된 것입니다.

B : 저는 그 괴물이 마치 어머니처럼 무언가를 지시하는 것처럼 느껴집니다.

A : 그것도 가능한 생각입니다. 우리가 그 괴물을 어머니와 관련짓는 것으로 가정한다면, 어머니에게 무슨 문제가 있는 것일까요?

B : 아마도 그 어머니는 아이들을 너무 구속하려고 한 건 아닐까 생각됩니다.

A : 이 경우는 그러한 케이스가 아닙니다.

B : 그렇다면 어머니가 아이를 너무 어린아이 취급해서 그 괴물은 어머니가 어머니로서 해주었으면 하는 행동을 보여주려 한 것이 아닐까요?

A : 바로 그것입니다. 그 괴물은 그러한 속임수로부터 아이를 보호하기 위해 개입한 것입니다. 아이는 언니의 삶을 살고 있기에 어떤 발달과정에 아직 그냥 미물러있는 것입니다. 그런 아이들은 자신을 피하기 위해 어느 시점에서 움직이지 않고 앞으로 나아가려 하지 않아요. 동일시는 즉시 멈춰져야만 합니다. 독립적이고 자율적 기능을 하고 있는 무의식은 동일시가 위험해진다는 것을 알기에 그것을 멈추게 하려는 것이죠. 만약 아이가 계속해서 언니와 동일시 된다면 아이는 자신이 더 이상 본인의 삶을 사는 것이 아니라 언니의 대체품일 뿐이라는 것을 알게 될 것입니다. 중년의 나이가 될 때까지 자신의 삶을 살지 못하고 의사의 도움을 받아야만 하는 경우들이 많이 있습니다. 아이의 의식은 동일시를 알아차릴 수 없지만, 무의식은 알고 있기에 그러한 동일시에 반응을 하는 것이죠. 이 꿈은 동생이 언니에게 동일시하는 아주 전형적인 영아적 꿈입니다.

4. 저항과 성장

1) 요정과 뱀 (여, 7세)

착한 요정이 나를 보호해 주고 있어요. 그 요정은 많은 재능을 가졌어요. 그 요정이 나를 여러 개의 문과 끝이 보이지 않는 기다란 복도가 있는 집으로 데리고 갔어요. 어느 한 방으로 들어갔는데, 그 방 한가운데에는 세 마리의 뱀이 똬리를 튼 채 원을 그리며 있었어요. 그리고 그 요정은 방으로 들어가서 불을 밝히고는 그 불빛 속으로 사라졌어요. 나는 길을 잃었고 그 착한 요정을 다시 찾을 수 없다는 걸 알게 되었죠. 나는 그 많은 방을 지나오던 길로 다시 되돌아 뛰어나와 여기저기를 찾고 헤매던 끝에 겨우 그곳을 빠져나올 수 있었어요. 그 집을 나온 후 길에서 유아원에 같이 다니던 친구를 만났어요. 그런데 그 요정이 거기 서서 나를 보호해 주고 있었어요.

발달 : 착하고 많은 재능을 가진 요정이 나를 보호해 주고 있음.
전개 : 요정이 나를 어느 집으로 데리고 갔는데 뱀들이 있었음.
절정 : 요정이 불을 태우더니 불빛 속으로 사라짐.
결말 : 밖으로 나와 우연히 친구를 만났는데 요정이 다시 나타나 나를 보호해줌.

A : 무언가 알 수 있나요?

B : 꿈에서 불이 중요한 역할을 하고 있네요.

A : 그럼 어린아이에게 착한 요정이란 어떤 것일까요?

B : 어머니요.

A : 맞습니다. 일반적으로 어머니는 적절한 시기에 등장하여 아이가 원하는 것을 제공해주고, 아이 내면의 좋은 것, 사랑스러운 모든 것들을 나오게 해주는 존재입니다. 그러나 왜 어머니가 환상의 존재인 요정으로 바뀌어야 했을까요? 실제로는 요정보다 훨씬 더 중요하고, 훨씬 더 강한 어머니의 모습을 더 먼 존재인 요정으로 변화시켜야 하는 이유가 무엇일까요? 그냥 어머니가 나를 보호하고 있는 꿈을 꿀 수가 없었을까요?

B : 어머니의 능력과 중요성을 작아지게 하기 위해서가 아닌가요?

A : 그건 지나치게 멀리 가는 것입니다. 해석의 효과를 고려해 보세요. 현상 자체를 좀 더 들여다보는 것이 좋습니다.

B : 그렇다면 그 요정이 실제 어머니가 아닌 것으로 생각해 봐야 할 것 같아요.

A : 그렇습니다. 이런 경우에는 그 요정이 실제의 어머니보다 더욱 강합니다. 어린아이들 내면에는 신화적인 것을 가지고 있습니다. 아이들의 의식에서는 어머니가 신화적

존재입니다. 그래서 꿈은 어머니를 요정으로 바꾸는 것입니다. 꿈에서 요정이 처음과 같은 상황으로 되돌아왔기 때문에 그 어떤 나쁜 일은 일어나지 않았습니다. 마치 아무 일도 없었던 것처럼 다시 나타나지요. 이것이 꿈의 핵심 내용입니다. 그 꿈은 미래를 보여주는 스케치 같은 의미로서 요정은 그 아이가 자라서 헤쳐나가야 할 미래를 보여준 것입니다. 뱀은 불안의 상징입니다. 그 상황은 아이에게 매우 두려운 것입니다. 이것을 기억해야 합니다. 그렇다면 아이는 꿈을 통해 무엇을 배워야 할까요?

B : 만약 네가 이런 두려운 상황을 맞이하면 도망가지 말고 요정처럼 그 안으로 들어가! 그러면 너는 그 위험으로부터 멀어지게 될 거야!

A : '너에게 닥칠 어떤 상황이든 밖에 있지 말고 그 안으로 들어와! 너는 불에 타서 연기가 되더라도 다시 네 자리로 돌아갈 거야!'라는 의미입니다. 불은 직면하고 수용하여 대응하고 해결하는 리비도를 상징합니다. 그리고 불에 타는 것이 해를 주는 것이 아니라는 것을 보여주었지요. 그러한 변신이 요정에게 나쁜 영향을 주는 것이 아니라는 것입니다. 뱀으로 표현되는 위험에도 불구하고 그

것을 회피하지 않고 마주한다면 성장할 수 있다는 것을 알려주는 것으로서 아이가 무언가를 넘어서는 것이지요. 그래서 요정은 아이들 꿈속에서 존재해야 하는 강한 존재입니다.

2) 다이아몬드처럼 반짝이는 눈을 가진 뱀 (여, 12세)

다이아몬드처럼 반짝이는 눈을 가진 뱀이 숲에서 나를 쫓아왔어요. 이 꿈이 나를 겁먹게 해서 침대에서 더 이상 움직일 수가 없었어요. 왜냐하면, 깨어 있을 때도 내 방의 모든 곳에 있는, 나를 잡아먹으려는 뱀의 반짝이는 눈을 보았기 때문이에요.

A : 이 꿈은 하나의 이미지만을 포함하고 있어서 해석에 어려움이 있어요. 그러므로 연극적 요소를 적용할 수가 없어서 구조를 정리할 수가 없어요. 이 아이는 깨어있을 때조차도 방의 모든 곳에서 나를 물려고 하는 뱀의 반짝이는 눈을 볼 수 있습니다. 즉, 깨어있는 상태의 환영처럼 이미지가 너무 강하게 나타나 깨어있는 의식이 방해를 받을 수도 있습니다. 뱀은 무의식의 어두운 부분을 상징합니다. 숲도 마찬가지예요. 뱀이 아이의 방까지 쫓아왔고 아

이는 뱀이 자신을 물고 싶어 한다고 생각합니다. 뱀과 아이의 강력한 끌림이 존재하는 것이지요. 구체적인 형태를 지닌 뱀과 아이의 격렬한 감정은 무엇일까요?

B : 무의식이 자기주장을 강하게 하는 것입니다.

A : 이런 경우는 언제인가요?

B : 의식이 무의식으로부터 분리될 때입니다.

A : 맞아요. 환경적 조건, 즉 부모와의 관계가 그 이유일 수 있습니다. 아이에게 나타나는 의식과 무의식의 분리 현상은 엄마와 아빠의 갈등이 투사된 것입니다. 부모 사이의 어떤 긴장감 때문에 그럴 수 있습니다. 그럼 그 아이에게 우리는 무엇을 이야기 해줘야 할까요?

B : 너는 자신과 충돌한 것이라고요.

A : 맞아요. 그럼 당신은 그 꿈에서 어떤 결론을 내리겠습니까?

B : 아이와 뱀이 완전히 동일시되는 것입니다.

A : 다이아몬드처럼 반짝이는 눈을 가진 뱀은 끌림과 공포를 동시에 느끼게 합니다. 숲은 집단 무의식의 상징이고 침대는 개인 무의식의 상징입니다. 그래서 이 꿈은 무의식과 의식이 통합되려는 것을 암시하고 있고 좋은 예후를 가지고 있어요.

B : 뱀이 그렇게 중요하다면, 아이는 왜 그렇게 놀란 걸까요?

A : 그것은 가장 깊은 감정 안에 들어있는 것에 대한 두려움입니다. 사람은 그것을 두려워하면서도 동시에 원합니다.

B : 그럼 물릴 것 같은 두려움은 자연스러운 것인가요?

A : 물론입니다. 뱀은 아이의 내면을 뚫고 들어가 스며들기를 원하기 때문입니다. 아이에게 독이 스며들지만 동시에 치료제가 되기도 하지요. 결론적으로 사람은 항상 자신을 두려워합니다. 분리된 것을 통합할 때는 두려움을 동반하는 것입니다. 그리고 그 두려움은 정당화됩니다.

3) 무지개 꿈 (여, 8세)

내 바로 앞에서 무지개가 떠오르고 있었어요. 나는 그 무지개를 타고 하늘로 올라 천국에 다다랐어요. 그곳에서 나는 친구에게 너도 어서 여기로 올라오라고 크게 소리쳤어요. 그러나 그 친구는 망설이며 그 무지개가 붕괴될 때까지 결국 올라오지 않았고, 나는 무지개에서 떨어지고 말았어요.

발달 : 소녀 앞에서 아름다운 무지개가 떠오름.
전개 : 무지개를 타고 천국에 다다름.
절정 : 친구를 불렀지만, 친구는 무지개를 타고 올라오기를 꺼리고 무지개가 붕괴 됨.
결말 : 땅으로 떨어짐.

A : 꿈에서 무지개는 다리를 상징하는 연결고리가 됩니다. 그 아이는 무지개를 타고 하늘로 올라가고, 그곳은 천국이라고 느낄 만큼 아름답고 웅장하고 설명할 수 없는 완벽하고 놀라운 곳이었을 테지요. 아이는 친구와 그 광경을 함께 하기를 원했기에 친구를 불렀어요. 그런데 그 친구는 무의식에 사는 또 다른 자신일지도 몰라요. 자아는 그

친구를 비현실적 세계로 끌어 올리려 하는 것입니다. 아이는 현실과 판타지 세상의 가운데서 무의식적으로 불안감을 느끼고 있어요. 그 나이의 그러한 불안감은 전형적인 유아적 상황에서 흔하게 볼 수 있는 것입니다. 많은 아이가 현실과 판타지 사이에서 매일 불안에 노출되어 있어요. 하지만 꿈에서는 다른 해결방안이 나타납니다. 비현실 세계로 올라가려는 경향은 점점 사라지고, 현실이 힘을 얻게 됩니다. 아이는 땅으로 떨어져 다시 현실 세계로 돌아오게 되는 것입니다. 직관적 성향이 강한 아이들은 자주 현실과 판타지 사이에서 불안감을 느끼게 되고, 이 무지개 꿈에서처럼 꿈을 통해 그 불안감을 배출하려고 합니다. 그래서 이 꿈은 아이의 내적 문제에 대한 보상이 될 수 있어요. 그렇다면 아래 세상은 어떤 심리학적 현상으로 볼 수 있을까요?

B : 그림자 아닐까요?

A : 맞습니다. 바로 그림자입니다. 심리학에서는 그림자를 대지로 향하는 열등한 존재로 봅니다. 그것은 항상 대지에 깔린 실제 그림자와도 같은 것입니다. 그래서 그림자라는 것은 글자 그대로 받아들여야 하고 그림자의 개념은

원시인의 심리학에서 따온 것입니다. 원시인들은 대지와 그림자를 같은 존재로 여겼고 그림자는 절대로 대지를 떠나지 않는 존재의 본보기로 여겼어요. 그림자는 두 번째 나 자신으로서, 우리 뒤에서 우리를 따라오고 무의식의 그림자에 깔린 또 다른 인격입니다. 이 꿈과 같은 여정에는 항상 위험이 따릅니다. 아이가 판타지에서 길을 잃게 되면 위험에 처하는 것이니까요.

A : 그렇다면 이 꿈은 퇴행을 보여주는 것인가요?

B : 그렇게 생각되지 않습니다. 이 꿈은 퇴행으로 보일 수 있지만 실제로는 더 멀리 나가기 위해 한발 물러서고 있는 것 같아요. 이 또래의 아이들은 처음 학교에 가면서 세상과 처음으로 마주하게 되고, 무언가 바뀌고 있다는 것을 알게 됩니다. 그렇다면 아이들은 이러한 변화를 어떻게 해야 잘 이루어낼 수 있을까요? 무의식이 아닌 의식<u>으로요</u>.

A : 아이는 의식에서 그것을 받아들이는 것을 배워나가야 해요. 이전과는 다른 방법으로 세상을 구분 지을 수 있게 되는 것이죠. 아이는 땅에서 자신의 그림자와 함께 있어야

만 합니다. 이 꿈은 환상이라는 것은 존재하지 않으니 현실로 다시 돌아가라고 명확하게 말하고 있습니다. 이렇게 아이는 다시 현실 세계로 돌아오게 되고, 분리되었던 의식과 그림자는 다시 하나가 된 것입니다.

5 부모의 이야기

1) 부모님의 죽음의 가면 (여, 7세)

첫 번째 꿈에서 나는 아빠가 부르는 소리를 들었어요. 일어나서 부모님이 주무시는 방으로 들어갔는데 피라미드 모양의 검은 재가 부모님의 침대 위에 떠 있고 그 위에 아버지와 어머니의 죽음의 가면(Death Mask)이 있는 것을 보았어요.

발달 : 아빠가 나를 부르는 소리가 들림.
전개 : 부모님의 방으로 들어감.
절정 : 검은 재로 만든 피라미드와 죽음의 마스크를 봄.

결말 : 없음(더 이상 진행되지 않음).

두 번째 꿈에서 황량한 곳에 혼자 서 있었어요. 그곳은 분화구 같은 큰 구멍들로 가득 차 있었어요. 그런데 다가가기에는 너무 먼 곳에서 아버지가 그 구멍 중 하나의 속에 빠져서 나를 부르며 도와달라고 하셨어요.

발달 : 황량한 곳에 혼자 서 있음.
전개 : 분화구 같은 큰 구멍들이 있음.
절정 : 구멍 속에 빠진 아빠가 도와달라고 나를 부름.
결말 : 없음.

A : 일반적으로 밤에 잠을 자다가 아이들이 부모님을 부르곤 하지만 부모님이 아이들 부를 때는 무언가 위험한 상황이라는 것을 의미합니다. 무언가 잘못된 상황이라는 것이지요. 아버지란 존재는 한 가정을 이끌고 지도하는 존재입니다. 하지만 생산적이고 잘 지도해주는 아버지의 역할과 달리 잘 인도해주지 못하고 파괴적인 영향을 주는 경우도 있습니다. 부녀의 정서적 관계를 적절한 시기

에 성공적으로 잘 분리하지 않으면 이런 경우가 생길 수 있습니다. 그렇게 되면 아이들은 자신의 온전한 삶을 살아갈 수 없고 아버지의 뜻대로 살아가게 됩니다. 꿈에서 침대는 무의식의 상징이에요. 아이가 생겨난 곳일 뿐 아니라 부모님이 죽음을 맞게 되는 곳이 되기도 합니다. 이는 영원히 계속되는 순환을 나타낸 것입니다. 집단 무의식의 관점에서 본다면 피라미드 형대는 죽음과 부활을 상징해요. 한 사람의 파멸과 새로운 것의 시작의 의미로 볼 수 있지요. 피라미드 위에 떠 있는 마스크들이 있는데 마스크는 원시시대에 유아기적 인격을 버리고 새로운 성장이 필요한 시기에 사춘기 아이들의 의식과정으로 사용되었었습니다. 이 꿈을 꾼 시기는 아버지가 돌아가신 후에 꾼 것이라고 했지요? 죽음의 가면은 다시 태어나기를 바라는 기대심이나, 기억하고 싶어 하는 것을 의미합니다.

B : 무엇이 이러한 재앙적인 꿈들을 꾸도록 만드는 것일까요?

A : 그것이 바로 꿈의 비밀입니다. 우리의 의지로 꿈을 꾸는 게 아니라 꿈의 의지로 꿈이 우리에게 오는 것 입니다. 우

리는 꿈의 대상일 뿐이지 그것을 만드는 사람이 아닙니다. 만약 어떤 운명이 우릴 기다리고 있다면 꿈이 우리의 현실을 압도하게 됩니다. 우리는 꿈이 제공하는 것을 이해하려고 노력해야 하고, 현명하다면 그것을 잘 활용할 수 있지요.

B : 모든 꿈을 이해하는 것이 가능할까요? 이해될 수 없는 것이 이미 꿈의 특성 중 하나가 아닐까요?

A : 우리가 이해할 수 있는 꿈을 꾸게 된다면 희망이 더해져 긍정적인 방향으로 해석하려고 할 것입니다. 그것은 정신적 균형과 통합에 도움을 줄 것입니다.

B : 나중에 이상한 내용이 줄어드는 긍정적 꿈을 꾸게 될 수 있나요?

A : 긍정적 꿈들이 뒤따를 수도 있어요. 하지만 그것들은 어린아이들의 꿈처럼 중요한 의미를 갖지는 않습니다. 왜냐하면, 아이들은 어른들보다 훨씬 더 집단적 무의식에 가까운 상태에 있기 때문입니다. 어른이 되면 주로 개인의 삶이 나타나고 페르소나가 강해져서 인격의 중요한

부분이 오랫동안 사라지기도 합니다. 다시 꿈으로 돌아가 보면 꿈속의 아이는 두 가지의 상황에서 모두 아무것도 할 수 없는 상태, 부모님을 도울 수 없는 상태입니다. 그 아이는 무기력한 내적 상태에서 움직일 수 없고 동떨어진 세계에 놓여 있다는 것을 알 수 있습니다. 아이는 정서적으로 아버지의 영향권 안에 들어가게 되었고, 그녀의 무의식의 아니무스가 그녀의 정시에 강력한 영향을 미치게 되었을 것입니다.

B : 두 번째 꿈에서는 엄마가 나타나지 않습니다.

A : 맞습니다. 실제로 어머니와의 관계가 나빠지면 여성성 안에서 문제를 일으킵니다. 자기의 본성을 잃는 것과 마찬가지지요. 아버지의 영혼 안에서 살아가고 있다는 것을 알 수 있습니다. 구멍은 빨려 들어가는 무의식의 입구로 볼 수 있어요.

B : 그렇게 커다란 공허함이 나타나는 꿈은 항상 파국적 의미를 가지고 있나요?

A : 만약에 이런 상황 후에 무언가 좋은 생각이 더해진다면

걱정할 것은 없습니다. 이러한 상황이 가능할 수도 있다는 것이지요. 어떤 위험한 상징들로 인해 상황이 나빠 보인다고 결론지어서는 안 됩니다. 우리의 마음이 꿈 안으로 들어가는 것만으로도 우리가 해야 할 일을 반은 한 것입니다. 우리의 두뇌는 아는 바가 없어요. 마음을 좀 더 열어보세요!

2) 회전 막대 (남, 8세)

나는 나와 동갑인 소년 한 명과 같이 마녀에게 잡혀서 어느 동굴에 갇혀있어요. 동굴은 둥근 모양이고 피처럼 붉은색의 벽돌로 되어있어요. 유일한 탈출구는 천정이 낮고 좁은 튜브 모양을 한 긴 통로예요. 그 통로는 동굴에서 시작하여 약간 아래쪽으로 경사져 있고, 다시 살짝 위로 올라가게 되어있어요. 통로의 마지막 부분에는 두 개의 서로 맞물리는 막대들이 벽으로 튀어나와 있어요. 철로 만들어진 두 개의 막대는 회전하면서 어느 한순간에만 문을 살짝 열었다가 금방 다시 닫혀 버려요. 이 탈출구를 통해 기어서 나가는 것은 매우 위험해 보여요. 나는 엄청난 불안에 휩싸인 채 막 울면서 잠에서 깼어요.

1. 발달 : 나는 동갑 친구와 같이 마녀에게 잡혀가 동굴에 갇힘.
2. 전개 : 회전 막대 문이 살짝 열렸다가 금방 닫히는 것이 반복됨.
3. 절정 : 탈출이 매우 위험해 보이고 나는 불안에 휩싸임.
4. 결말 : 울부짖으며 잠에서 깸.

A : 나와 비슷한 친구가 옆에 있다는 것은 내 그림자를 상징하는 것이고, 현재의 문제에서는 어느 쪽도 우세하지 않다는 것을 알 수 있어요. 그래서 아이의 개성화를 위한 출발점에 있다는 것으로 볼 수 있습니다. 그리고 마녀는 어머니로 가정하는 것이 합리적입니다. 꿈속 아이는 여전히 동굴에 갇혀있는데 아이를 둘러싸고 있는 외부의 억압적 상황에 의해 생긴 것입니다. 동굴은 자궁을 상징하고 아이는 아직 엄마의 자궁에 남아있는 것이지요. 철로 만든 막대들은 감옥이나 정신병동 등에서 흔히 철창으로 사용됩니다. 이것은 철창 뒤에 펼쳐지는 외부의 경관을 보여주기도 하지요. 여기서 특징적인 것은 그 회전 막대를 통과하는 것은 오직 잘 선택된 특정한 순간에만 가능

하다는 것입니다. 목표를 달성하고 변화를 완성하기 위해서는 어떠한 희생이 필요합니다. 그 아이는 자신을 변화시키기 위해 어머니의 보호에서 떠나야만 합니다. 스스로 놓쳐서는 안 되는 순간을 정확히 잡아야만 한다는 사실이 매우 중요합니다. 이 꿈의 심리학적 의미를 요약하면, 아이는 이미 그가 처한 상황을 부분적으로 의식하고 가족으로부터 자유로워지는 것입니다. 또한, 초기 유아적 무의식, 가족의 사랑과 안정, 어머니와의 애착으로부터 의식을 만들어내고 차별화와 객관성을 갖고 세상으로 한 걸음 나아가게 되는 것입니다. 그러나 만약, 아이가 이러한 새로운 적응에 준비되어 있지 않다면, 이러한 순간이 꿈에 나오는 것은 매우 자연스러운 일입니다. 그러면 이 막대가 주는 특별한 의미는 무엇일까요?

B : 아마 가족 아닐까요?

A : 그렇습니다. 하지만, 그 막대들은 원래 그곳에 있던 것이 아니라 누군가에 의해 설치된 것입니다. 누군가의 계획에 의해 만들어진 것이지요. 이것을 설치한 사람이 어머니라고 생각한다면 옳은 방향입니다. 그럼 다시 회전 막대가 가진 의미는 무엇인가요?

B : 차단이 아닐까요?

A : 맞습니다. 이것은 매우 확고한 차단이고 장애물입니다. 이 막대기들은 서로 번갈아 가면서 회전하기에 잠시나마 그사이를 통과할 수 있는 시간이 생깁니다. 어머니는 이때 무언가를 해야 하는데 그것이 바로 회전 막대들로 표현된 것입니다. 어머니가 만든 이러한 상황은 이상하게도 서로 상반되는 두 가지를 볼 수 있게 해줍니다. 그것들은 무엇이지요?

B : 어머니는 아이에게 용기를 주었지만, 아이가 무언가 하고자 할 때 다시 제지합니다. '너는 아직 너무 어려'라고 말한 것일지도 모르겠어요.

A : 맞습니다. 어머니들은 일반적으로 아이가 성장하고 세상으로 나아가는 것에 흥미를 느끼지만, 다른 한편으로는 이러한 것들을 금지하기도 합니다. '이것은 하지 마라. 저것도 하지 마라.'라고 말하다가도 그렇게 하도록 자극을 주기도 합니다. 어머니들은 보통 생각보다는 감정으로 아이들을 대할 때가 많으니까요. 어머니는 아이가 빨리 자라기를 바라면서도 자신의 두려움 때문에 원하지 않

아요. 아이를 곁에 두기 위해 세우는 장애물과 마찬가지지요. 결국, 밖으로 나갈 수 있는 유일한 기회는 그 순간을 잡는 것입니다. 어머니가 먼저 등을 돌려주는 순간만을 기다리는 매우 착한 아이들도 있지만, 이런 아이들은 상처받는 일이 자주 있고 극한 상황이 생기기도 합니다.

3) 위협적인 거인 / 닥스훈트 / 퍼걸러와 운동(3개의 꿈을 연결함). (여, 7세)

1. 내가 침대에 누워있는데 부모님 방의 문이 천천히 열리는 것을 보았어요. 문이 열리자 아빠가 나타나는데 아빠가 힘센 거인으로 변해있어요. 그는 막대기를 들고 사납게 나를 위협해요. 나는 두려워하며 잠에서 깼어요.

발달 : 침대에 누워있는데 부모님 방문이 열리고 있음.
전개 : 아빠가 나타났는데 힘센 거인으로 변해있음.
절정 : 거인이 막대기를 들고 사납게 나를 위협함.
결말 : 없음.

2. 나는 끝이 보이지 않는 긴 퍼걸러(pergola: 정원에 식물이 타고 올라 가도록 만든 아치형 구조물) 앞에 서 있어요. 작은 닥스훈트 한 마리가 그곳에서 튀어나와 나를 향해 오고 있어요. 나는 너무 무서워서 잠에서 깼어요.

발달 : 끝이 보이지 않는 긴 퍼걸러가 있음.
전개 : 내가 그 퍼걸러 앞에 서 있음.
절정 : 갑자기 닥스훈트가 튀어나와 나를 향해 옴.
결말 : 없음.

3. 나는 천정이 높고 큰 곳간(barn) 안에 있어요. 그 안에서 나는 지붕 밑에 있는 들보(beam)에 매달려서 한쪽 기둥(beam)에서 다른 기둥으로 움직이고 있어요.

발달 : 나는 천정이 높고 큰 곳간에 있음.
전개 : 그 안에 지붕 밑에 있는 들보에 매달려 있음.
절정 : 한쪽 기둥에서 다른 기둥으로 움직이고 있음.
결말 : 없음.

A : 꿈의 이미지는 우연한 것이 아닙니다. 꿈에는 무엇에 대한 정확하고 구체적인 이유가 있어요. 꿈의 가능한 의미에 대해 가설을 세우고 이 공식은 간결해야 합니다. 이렇게 연속적으로 꾼 꿈은 이전에 꾸었던 문제를 다른 형태로 다시 나타나게 합니다. 아버지는 낮에 볼 수 없는 완전히 다른 모습으로 방에서 나왔지요. 아이는 무방비 상태로 자신이 보호받고 있다고 느끼는 침대에 누워있습니다. 자신을 보호해 주던 아버지의 모습은 없고 괴물이 막대를 들고 위협하고 있어요. 그런데 여기서 어머니가 나타나지 않는다는 사실이 중요합니다. 부모님의 방에서 막대를 들고나온 힘센 거인을 생각할 때, 이 거인은 이미 어머니도 해쳤을지도 모른다는 예상을 할 수 있습니다. 이 꿈은 딸에 대한 아버지의 무의식적 태도를 드러내고 있다고 가정할 수 있어요. 아버지는 딸에게 과도한 요구를 하게 될 수 있다는 것입니다. 꿈에서 결말이 없으므로 그러한 가능성을 생각해 볼 수 있습니다. 두 번째 꿈에서 퍼걸러는 저 밖으로 끝없는 곳을 향할 것입니다. 퍼걸러는 미래를 보는 것으로 해석할 수 있어요. 닥스훈트는 작은 체구에도 불구하고 강하고 용감합니다. 영리하지만 교활하고 사악한 면도 가지고 있으며 자기보다 몸집이 큰 개들도 무서워하지 않습니다. 닥스훈트는 사냥할 때

에 다른 생각을 하지 않고 오로지 목표물만을 쫓아갑니다. 이러한 면은 첫 번째 꿈에 나왔던 거인의 거대한 크기를 보충해낼 수 있습니다. 거인이 거친 내적 본능을 나타낼 때, 닥스훈트는 작고 민첩하고 영리한 성격을 보여줍니다. 두 번째 꿈도 해결방안을 보여주지 않고 있어요. 세 개의 꿈의 맥락을 본다면 첫 번째 꿈은 아이가 도망갈 출구를 찾지 못한 채 두려움에 떨었고, 무의식적으로 혼란스러운 아버지의 본성이 드러납니다. 두 번째 꿈은 아이의 미래, 즉 피할 수 없는 본성이 아이에게 다가오고 있습니다. 아이가 부모님에게서 떨어지게 되고 두려움을 느끼게 됩니다. 마지막 세 번째 꿈은 높은 곳에서 위험한 것들을 피할 수 있는 보호소를 찾아갑니다. 세 가지 꿈을 요약하면 특히 아버지로 추정되는, 부모님과의 미해결 갈등에 직면해 있는 것입니다. 그런데 지금도 자신의 본능적인 영역을 완전히 이해할 수는 없을 거예요. 그녀는 높은 의식의 세계에 살도록 강요받았고, 이러한 상황은 지속적으로 본능의 영역으로 떨어질 수 있기 때문에 불안정한 상황입니다. 세 개의 꿈 모두가 결말이 없다는 것이 흥미로워요. 이 꿈 시리즈는 어떻게 해석하면 좋을까요?

B : 갈등이 지속되고 있다는 의미입니다.

A : 그렇습니다. 그럼 어떤 예측이 가능할까요?

B : 해결방안이 없어 보입니다.

A : 그렇지 않아요. 오랜 시간 동안 결말이 없었다는 의미일 뿐입니다. 이 꿈들은 오랜 시간 동안 잊히지 않았던 꿈들입니다. 이 문제에 대한 올바른 해결책이 발견되지 않았다는 것이죠. 꿈에서 또 다른 점을 발견한 것이 있나요?

B : 저는 아버지와 닥스훈트의 대조를 좀 더 강조하고 싶어요. 거인은 아버지의 파괴적인 문제에 대한 것이었는데, 두 번째 꿈은 무언가 건설적이라는 생각이 드네요.

A : 정확합니다. 두 번째 꿈에는 큰 희망이 있어요. 첫 번째 꿈에서는 위협적인 거인이 나왔지만 두 번째에는 두려워할 필요는 없고 작고 귀여운 닥스훈트가 나왔어요. 그런데 이상하게 아이는 닥스훈트를 두려워합니다. 거인이 닥스훈트로 변한 것은 희망을 주는 것입니다.

B : 세 번째 꿈은 진행하는 것을 보여주는 것 같아요.

A : 아주 정확합니다. 처음 나온 거인은 내가 다루기 불가능한 존재로서 무의식이 마치 '다른 길로 가보는 게 어때?'라고 말을 합니다. 이때 나온 것이 닥스훈트지요. 닥스훈트는 거인이 가지고 있던 모든 것을 가지고 있긴 하지만, 사람들에게 친절하고 길들일 수 있고 위험하지도 않습니다. 파괴적인 존재가 작은 강아지로 바뀐 것입니다. 게다가 닥스훈트는 초록색과 꽃들이 가득한 정원의 퍼걸러에서 나타났어요. 그런데도 아이가 닥스훈트에게 두려움을 느낀 이유는 그녀가 닥스훈트 안에 있는 거인을 인지한 것이라고 볼 수 있지요. 이것은 무엇을 의미할까요?

B : 아이가 거인을 받아들이도록 만든 것입니다.

A : 맞습니다. 아버지가 실제로는 무섭게 하지 않아도 아이는 위협적으로 느낄 수 있습니다. 그러나 아이가 위협적이라고 느낄 때는 아버지가 충동적인 성향을 지녔다는 것을 추측해볼 수 있습니다. 아이의 무의식이 아버지를 거인으로 만든 것입니다. 두 번째 꿈은 거인을 받아들일 수 있는 존재로 변형시켰습니다. 그리고 곳간의 지붕은 보호적인 의미를 가지고 있고 편안함과 안락함을 제공하는 것입니다. 그러므로 어떤 공격적인 것도 남아있지 않

고, 거인이라는 주제는 아이가 쉴 수 있는 곳으로 바뀌게 된 것입니다. 이 장소는 거인과의 협정을 보여주는 것입니다. 그런데 기둥을 타고 지붕에 오른다는 것은 무엇을 의미할까요?

B : 만약 내려오지 못한다면 어떻게 되는 거지요?

A : 문제의 해결책 대신에 아이가 기둥을 탄다는 것은 무의식의 시도가 실패한 것이라고 볼 수 있어요.

B : 그렇다면 아마도 아이는 리비도와 함께 지적 영역으로 들어간 것일 수도 있네요.

A : 정확해요. 이 꿈에 나온 지붕은 인체로 보면 머리 부분에 해당합니다. 아이는 위로 끌어 올려져 머리의 영역으로 가게 된 것이죠. 우리는 이 나이의 아이들이 갖는 아버지와의 관계가 매우 중요하다는 것을 고려해야 합니다. 아이는 부모님과 함께 살고 있고 그들의 영향에 노출되어 있어요.

B : 만약 이 꿈을 계속 기억하고 있었다는 건 그 문제가 아직

해결된 것이 아닌가요?

A : 맞아요. 아직 문제가 지속되고 있는 거지요. 어떤 문제가 그렇게 오랜 시간 동안 해결되지 않은 채로 남게 된다면 어떤 결과가 생기게 될까요?

B : 무의식과 관련된 반응들이 나올 것 같습니다.

A : 그렇습니다. 불안증의 증상들이 주로 나타납니다. 한쪽으로 치우쳐 살게 되기 때문이지요.

4) 털로 뒤덮인 괴물 (남, 7세)

(이 꿈은 칼 융의 제자가 실제 한 아이의 꿈을 사례로 세미나에서 발표했던 자료입니다. 따라서 A는 칼 융의 말이고 B는 사례발표를 한 제자의 말입니다.)

아이가 집에 있었는데 지하실에서 털에 뒤덮인 한 남자가 갑자기 나타났어요. 그 괴물 같은 사람이 아이를 잡아 지하실로 내려가려고 했어요. 나는 너무 무서워서 울면서 꿈에서 깼어요.

발달 : 아이가 집에 있었음.

전개 : 지하실에서 털로 뒤덮인 남자가 갑자기 나타남.

절정 : 그 괴물 같은 남자가 아이를 잡아 지하실로 내려가려고 함.

결말 : 울면서 깸.

A : 이 시기에는 빠른 발달과정을 겪게 되지만 개인의 의식 세계는 아직 약하고 집단 무의식의 영향을 많이 받는 때이기도 합니다. 털로 뒤덮인 남자는 어른의 모습이고 그 아이보다 우월한 지위에 있으며 두려움과 공포를 끌어내는 존재입니다. 지하실이라는 장소는 어두운 장소지요. 외로움을 느끼고 악몽이 나타나고 무언가 위험함이 도사리는 곳입니다. 꿈꾼 아이가 완전히 압도당해서 지하실로 끌려간 것은 아니지만, 아래쪽에서부터 느껴지는 위험, 무의식적 본능 상태, 탐욕, 욕망, 열정 등에 의해 어쩔 줄 모르는 위험이 바로 그곳 지하실에 있다는 것을 알 수 있습니다. 아이 자신보다는 힘이 센, 조절할 수 없는 어떤 본능의 힘에 의해 위협받는다고 느껴집니다. 꿈은 의식적 상황에 대한 무의식적 반응입니다. 그래서 우리는 항상 꿈꾼 개인의 심리적 상황뿐만 아니라 무의식적 상징

적 내용도 고려해야 합니다. 아이들은 태어날 때 태곳적 세상을 가지고 태어나기 때문에 태곳적 세상에 대한 선명한 기억을 가지고 있습니다.

B : 털로 뒤덮인 남자는 무언가 아이에게 현재는 부족하지만 받아들여져야 하는 긍정적인 면도 보여주는 듯합니다. 그 남자를 꿈꾼 사람의 의식적 상황에 대한 보상의 형체로 분석할 수는 없을까요?

A : 아주 훌륭한 견해입니다. 그런데 그 남자는 실제로 위협적인 무엇일까요, 아니면 심리적으로 자신에 대해 배우고 인정해야 하는 본인의 모습일까요? 만약 후자가 맞는다면 우리는 그 아이의 의식에 관해 어떤 이야기를 할 수 있을까요?

B : 그것은 무의식과 관련이 너무 적은 성급한 결론이고 너무 어린아이에게는 지나치게 합리적인 것 같습니다.

A : 맞습니다. 아무리 최고의 교육을 받았다 하더라도 어린아이는 이상적인 사람이 될 수 없습니다.

B : 그렇다면 지나치게 엄한 교육을 받은 것이 아닐까요?

A : 그렇습니다. 이 경우는 지나친 훈육을 받은 아이의 경우일 가능성이 있습니다. 그 결과로 괴물 같은 무섭고 나쁜 존재가 나오게 된 것이죠. 그 존재는 아이가 집에서 할 수 없는 것들까지 무슨 일이든 할 수 있는 존재입니다. 지나치게 엄격하게 교육하는 가정에서 자란 아이들은 자신을 마치 작은 악마처럼 생각하기도 합니다. 그리고 그 아이들은 불안한 꿈을 만들어냅니다. 그래서 그런 야생적이고 털이 많고 검은색으로 된 위협적인 사람이 불안한 꿈에 나타나게 되는 것입니다. 지나치게 도덕적인 교육은 반감을 가지게 하고 아이들은 거친 장난 같은 것을 하게 되는 것입니다.

B : 그 털로 덥힌 남자가 어른이라는 사실은 아이의 미래를 보여주고 있는 것인가요?

A : 그것도 가능한 해석입니다. 그렇다면 그건 무엇을 의미하는 것일까요?

B : 그것은 아이가 지나치게 유아스럽다는 것을 의미하는 것

같습니다.

A : 바로 그겁니다. 물론 아이들은 아이 다워야 합니다. 하지만 아이가 지나치게 유아스러운 행동을 하거나 몸이 아파 너무 오랫동안 침대에 누워 생활하는 경우에 이런 일이 일어날 수 있어요. 그런 아이들은 엄마에게 달라붙어 있으려고 하고 어린아이처럼 말하게 됩니다. 그 아이들은 퇴행을 경험하게 되고 그다음 그런 불안한 꿈을 꾸게 되는 것입니다. 그것은 도덕적 반응이 아니라 본성에 대한 반응인 것입니다. 70대 어른이 젊은이만큼 성취를 이룰 수 있다고 생각할 때, 본성은 그에게 신체적으로 그것이 불가능하다고 말해주는 것과 같은 것이죠. 이러한 경우는 특히 어머니의 영향을 지나치게 받은 무척 예의 바른 아이들의 경우라고 생각합니다. 어떤 어머니들은 항상 자신의 아이가 아주 착하고 도덕적으로 자라도록 노력하지만, 그 아이들이 갑자기 거칠게 변하는 경우가 있습니다. 하지만 아이들은 아직도 엄마를 사랑하고 엄마에게 스트레스 주고 싶지 않고 좋은 관계를 이어가기를 원합니다. 그런 이유로 아이가 가지고 있는 것들이 표출되어 나오지 못하게 되고, 그러한 시간이 지속되면 퇴행이 일어나는 것입니다.

B : 우리는 그 털로 덮인 남자를 긍정적인 면과 위험한 면 양쪽 모두를 고려해야 하지 않을까요?

A : 이러한 양면성은 항상 존재하지요. 매일 밤 그 꿈을 다시 꾸게 될까 봐 두려워 울게 되는 불안한 아이가 될 수도 있고, 그와 반대로 아이의 내면에서 '그건 그냥 사람이야!'라고 말하고 이해하고 자연스럽게 받아들일 수도 있습니다. 하지만 아이 내면에 있던 불안이 다시 커지면, 그 아이는 올바르지 못한 태도를 취하게 될 수 있어요. 그러한 반응은 아이가 얼마나 올바른 본성을 가지고 있느냐에 달려 있지요. 어른 또한 마찬가지입니다. 본능은 우리가 꿈을 얼마나 올바르게 이해할 수 있는지에 따라 결정을 내릴 수 있습니다. 그리고 우리는 그런 것에 관한 이야기가 우리 마음속에 있다는 것을 감지하는 것이 중요합니다. 그 아이가 성장하면서 그 남자에게서 무언가 기쁨을 얻어내게 되고 그 남자가 사실은 자신과 비슷할지도 모른다는 상상도 할 수 있습니다. 여기서 중요한 것은 우리는 우리의 본성을 믿어야 한다는 것입니다.

칼 융의 꿈 해석 사례들은
우리 삶의 소중한 이야기들을 들려 주었다.

꿈 해석은 잃어버린 마음을 찾는 과정이고
자신의 삶에 대한 책임이다.

그러므로 꿈에 대한 깊은 관심과 연구는 계속되어야 한다.

Ⅲ. 한국의 세미나

어린이의 꿈 해석 사례

아이들이 자기의 꿈을 확실하게 기억하고 있다는
사실도 놀라웠고 그것을 선명한 이미지로 기억하고
있다는 것, 그리고 손의 감각으로 표현하는 데
주저함이 없었다는 것이 놀라웠다

***

　필자가 진행했던 꿈 해석 세미나는 어린이 대상과 성인 대상을 나누어 따로 진행하였다. 어린이 꿈 해석 세미나는 아이와 부모님 두 분이 함께 참석하거나 엄마 한 분이 참석하여 모든 과정을 함께 했다. 참석했던 어린이들과 성인들은 꿈 그림을 그리고 함께 해석하는 과정에 모두 적극적으로 참여했다. 성인들의 꿈은 아주 오래전 아이였을 때 꾸었던 꿈을 기억하는 사람들이 참석하였고 그 꿈을 다루었다. 따라서 이 책에 실린 꿈의 사례들은 모두 어린이의 꿈이다.

　세미나의 현장에서 이루어진 필자(진행자)와 참여자들(꿈을 표현한 사람들)이 나누었던 대화 내용을 모두 녹취하였고 현장에서 필사하였다. 꿈의 내용은 칼 융이 정리하고 사용했던 구조(발달, 전개, 절정, 결말)의 4단계에 따라 정리하였다. 꿈의 흐름에도 기승전결이 있는 경우가 많기 때문이다. 그러나 결말이 없이 절정의 부분에서 꿈에서 깨어나는 경우도 있으며, 모든 꿈이 이 4단계로 나누어지는 것은 아니고 하나의 상징만 나타나는 경우도 있다. 그러나 꿈의 내용을 듣고 우선 4단계의 구조로 나누어 살펴보는 일은 중요하다.

꿈의 내용과 그림을 익명으로 설정하여 책의 자료로 사용하는 것에 대해 참여했던 어린이들과 성인들 모두의 동의를 받았다. 현장에서 필사하고 이후에 꿈의 구조를 정리하는 일은 칼 융의 저서 [Children's Dreams]을 번역하신 정신호 선생님과 권영주 선생님께서 맡아 주셨다.

각 참여자의 개별적 꿈 해석 내용은 해석을 통해 도출된 정서적 주제의 제목, 꿈을 그림으로 그리고 꿈에 관해 이야기하는 동안의 행동적 특징, 꿈 그림 이미지, 그림을 그린 후 꿈과 그림을 설명한 이야기, 진행자와 참여자가 나눈 긴 대화 내용 중 의미 있는 것들, 참여자의 그림과 이야기에 근거한 진행자의 해석의 순으로 구성했다. 대화 내용에서 A는 필자(진행자), B는 참여자(그 꿈의 제공자)이다.

세미나 이야기

    꿈 해석 세미나에 참여했던 아이들은 미취학 아동부터 초등학생까지 포함되었다. 가장 선명하게 기억나는 꿈을 한 가지 떠올려서 즉시 그림으로 표현하도록 했다. 하얀색 도화지와 다양한 채색 도구들을 큰 테이블 위에 올려놓고 모두 함께 둘러앉아 각자 원하는 도구를 선택하여 그림을 그리도록 했다. 아이들은 대부분 자기의 꿈 이미지를 그림으로 옮기는 것에 주저하지 않고 빠르게 시작했고 그림 그리기에 집중했다. 어떤 아이들은 그림을 그리는 과정에서 자기감정에 몰입되어 계속 덧칠하여 채색하거나 얼굴을 찡그리고 힘을 주는 듯 강한 필압으로 표현하는 모습을 보였다. 아이들은 그림으로 자신의 꿈을 표현하는 과정에서 어른들처럼 의식의 방어가 강하지 않기에 꾸밈없이 진실한 표현이 가능했다. 그런 이유로 어른들보다 그림을 시작하는 것도 빨랐고 집중도 잘했다.

　아이들이 자기의 꿈을 확실하게 기억하고 있다는 사실도 놀라웠고 그것을 선명한 이미지로 기억하고 있다는 것, 그리고 손의 감각으로 표현하는 데 주저함이 없었다는 것이 놀라웠다. 필자와 현장에 참여했던 부모님들은 이러한 아이들의 태도를 통해 아이들의 억압된 표현의 욕구를 확인하게 되어 안타까웠고, 동시에 감동하였다.

1 아무도 몰라주는 내 마음
(남, 7세)

    도화지 위에 손가락 열 개를 모두 사용하여 파스텔을 문지르며 능동적으로 표현하고 그림에 집중하는 모습을 보였다. 손에 파스텔 가루가 묻는 것을 개의치 않았으며 도화지 한 장을 더 요청하며 그림을 계속 그리고 싶어 했다.

> "자다가 침대에서 떨어졌는데 문으로 가서 열어보니 공룡 꼬리가 보이고 진흙이 쏟아져 나와서 화장실로 숨었어요. 엄마, 아빠는 이미 죽고 없었어요."

발달 : 잠을 자고 있음.

전개 : 침대에서 떨어져서 문으로 가서 문을 열어봄.

절정 : 공룡 꼬리가 보이고 진흙이 쏟아져 나옴.

결말 : 엄마, 아빠가 죽고 없어짐.

A : 그림을 그릴 때 기분이 어땠어요?

B : 무서웠어요.

A : 언제 꾼 꿈이지요?

B : 여섯 살 때 꾼 것 같아요. 12월쯤 꾼 꿈인 것 같아요.

A : 꿈을 꾸었을 때 즈음 힘든 일이 있거나 마음이 안 좋은 일이 혹시 있었나요?
(대답을 하지 않아 다시 질문했다)

A : 아니면 엄마나 아빠가 원하는 것을 안 들어준 적 있나요?

B : 없는 것 같아요(엄마를 힐끗 쳐다보면서)

A : 침대에서 떨어지고 공룡도 나타났는데 엄마, 아빠는 어디 계셨던 걸까요?

B : 안 계세요. 엄마, 아빠는 그냥 죽은 거예요.

A : 유치원에서는 재미있어요? 선생님과 친구들은 어때요?

B : 친구들이 그냥 그래요. 재미도 별로 없어요.

A : 좋아하는 친구가 있나요?

B : 네, 딱 두 명만 좋아요.

A : 왜 딱 두 명만 좋을까요?

B : 다른 아이들은 나를 괴롭히고 기분 나쁜 행동을 해요.

A : 그런 일들을 선생님께 이야기했어요?

B : 이야기했는데 자꾸 괴롭혀요. 그래서 선생님께 일렀는데 선생님이 저보고 해결하라고 했어요.

A : 그래서 마음이 답답하고 힘들었겠네요. 엄마에게도 이야기했나요?

B : 아니오. 엄마도 안 도와주고 그냥 웃기만 했어요.

A : 마음이 힘들었는데 어른들이 다 몰랐었나 봐요. 다음부터는 엄마, 아빠께 '나 힘들어요.'라고 분명하게 이야기하기로 해요. 그림으로 표현도 잘하고 이야기도 참 잘했어요.

7세 아이는 자신의 마음을 어른들에게 표현하는 것에 서툴다. 그저 짜증을 낼 수도 있고 다른 친구들이 나쁘다는 이야기만 할 수도 있다. 또는 갑자기 퇴행하는 모습을 보이며 아기처럼 행동할 수도 있다. 자신의 마음을 아무도 이해해 주지 못한 상황은 어린아이에게는 외로움을 넘어 큰 두려움이 될 수 있다. 꿈의 상황에서 시간은 캄캄한 밤이고 혼자 자다가 침대에서 떨어진 사건, 그리고 누군가의 도움과 보호가 필요한 상황에서 공룡이라는 거대하고 위협적인 존재의 갑작스러운 출현, 그리고 부모님의 죽음은 아이가 느꼈던 강한 두려움의 대치이고 은유이다.

    칼 융은 아이들이 높은 곳에서 떨어지는 꿈은 아이가 부모로부터 심리적으로 독립해야 하는 시기가 왔을 때 자주 꾼다고 했다. 즉, 정신적 성장을 시작했다는 것이다. 이 꿈 사례는 아이의 마음이 구체적으로 잘 표현되어 나타나고 있다. 유치원에서 친구들로부터 마음이 상하는 일이 있었을 때 신생님은 들어주지 않았고, 엄마는 아이에게 중요한 일이 벌어졌다는 것을 미처 알아차리지 못했다. 자신의 마음을 정확한 언어로 표현하지 못하는 아이들은 같은 경우의 어른들보다 훨씬 힘들다. 아이들도 내 마음을 아무도 알아주지 못할 때 외로움을 느끼고 혼자서는 살아갈 수 없는 세상이 두려워진다. 우리는 아이들의 작은 언어나 사소한 행동에도 좀 더 민감해져야 하고 아이가 불편한 감정을 표현할 때는 반드시 공감해 주어야 한다. 말하지 않는 아이들의 마음을 어른들이 알 수 없듯이 표현하지 않는 어른들의 마음을 아이들이 알 리가 없다.

2. 혼자서는 헤엄쳐 나올 수 없었던 호수

(여, 9세)

　친오빠와 같이 남매가 참석했다. 그림을 그리라고 하자 옆자리에 앉은 오빠를 쳐다보며 눈치를 보는 듯 불편한 표정을 지었다. 다른 빈자리가 있어서 '네가 혹시 다른 자리에 앉고 싶으면 그래도 된다.'라고 말해주었다. 아이는 바로 일어나 그 빈자리로 자리를 옮기고 한 손으로 도화지를 가리면서 그림을 그리다가 멈추고, 마음에 들지 않았는지 다른 종이를 달라고 말해서 새 도화지를 주었다. 꿈을 떠올려 그림을 그린다는 것은 자신의 마음을 표현해야 한다는 것을 아이들도 알고 있고, 그래서 아이들에게도 용기가 필요하다. 새 도화지를 달라고 말하며 다시 그림을 그리는 행동은 아이가 자신의 방식과 속도로 표현하려고 노력하고 있다는 것을 의미한다.

"귀신 인형이 나를 따라왔어요. 내 몸이 작아져서 노란 호수 안으로 들어갔는데 악마 인형이 나를 따라오고 있었어요."

발달 : 내 몸이 작아짐.

전개 : 노란 호수 안으로 들어감.

절정 : 귀신 인형이 나를 따라오고 있음.

결말 : 없음.

A : 그림 속에서 나는 어디에 있어요?

B : 저 뒤에 있어요.

A : 노란색은 뭐예요?

B : 호수요.

A : 이 호수 속은 어땠어요?

B : 이 안에 줄이 있었어요.

A : 그 줄이 어떻게 보였어요?

B : 무서워 보였어요.

A : 어쩌다가 그 안으로 들어갔어요?

B : 기억이 나지 않아요.

A : 이 인형은 누구인 것 같아요?

B : 제 생각에는 그냥 귀신인 것 같아요.

A : 지금 그림을 보는 느낌은 어때요?

B : 아직도 무서워요.

A : 이 꿈은 언제 꾸었어요?

B : 일곱 살 때요.

A : 이곳에서 혼자 있었나요?

B : 가족들은 애가 다 데리고 갔어요.

A : 혹시 길을 잃어버려서 혼자 있었던 적이 있어요?

B : 다섯 살 때...

A : 이 귀신은 아기 귀신 같아요. 아주 힘이 약할 것 같은데 그냥 입으로 후욱~ 하고 바람을 불어주기만 해도 날아가 버릴 것 같아요.

B : 훅!(실제로 도화지 위에 입으로 바람을 불어주는 행동을 바로 함.)

A : 이제 얘는 가버렸어요. 이젠 그때보다 힘이 세졌으니 무서워하지 않아도 될 거예요.

B : 나는 그때 다섯 살이고 작아서 무서웠어요.

A : 그때는 많이 무서웠을 것 같아요. 그렇지만 이제는 내가 힘이 세져서 귀신 인형이 너무 약해진 것 같아요. 지금 기분이 어때요?

B : 기분이 좋아요!

아이의 꿈 이야기를 들은 아이의 어머니는 실제로 아이가 다섯 살이었을 때 함께 외출했다가 아이가 혼자 길을 잃어버린 적이 있다고 말했고, 아이가 표현한 그림 속 장소와 실제 장소가 비슷하다고 했다. 트라우마는 누구에게나 있지만, 아이들은 어른들처럼 자신의 감정이 과거의 한 사건으로 인해 트라우마를 가졌다는 것을 인지하지 못한다. 어른들은 아이들의 트라우마가 시간이 지나면서 저절로 사라진다고 생각하는 것은 좋지 않다. 아이들이 경험했던 힘든 감정은 실제의 삶과 연결이 된다는 것을 기억해야 한다. 그러기 위해 부모는 아이의 마음을 아이들의 감정선에 맞추어 같은 눈높이로 바라봐야 한다. 그 감정에서 벗어날 수 있도록 돕는 것은 어른들의 의무이고 책임이다.

3 사는 게 지루해

(남, 12세)

　여동생과 같이 세미나에 참석했다. 그림을 시작하기 전에 '동생은 그림을 못 그린다.'라고 말을 하면서 '지금 여기'에서의 불편한 마음 즉, 꿈을 통해 자신의 마음을 표현해야 하는 것에 대한 방어적 태도를 보였다. 사춘기 시기라서 상황에 적절하지 못한 표현들도 있고 소통의 방식도 부드럽지는 않다. 그러나 이러한 불편한 마음이 가족에게 이해받고 존중받는 경험이 늘어나면 동생을 아끼는 마음도 자라나고 표현 방식도 달라질 것이다. 사춘기 시기의 아이들은 아이마다 다른 방식으로 표현되지만, 모두가 혼란스럽고 힘들다.

"이 캐릭터가 우주에 있는데 아무것도 하지 않고 지루하게 있었어요. 게임 안에 나오는 것들도 그렸어요. 제가 너무 짜증이 나서 험한 말을 했어요. 가운데에 있는 캐릭터가 저인데 3인칭으로 보였어요. 제가 게임패드로 게임을 하려고 하는데 손에 닿지 않았어요."

발달 : 우주에 게임 캐릭터들이 떠다님.
전개 : 나도 그 안에서 3인칭으로 같이 떠다님.

절정 : 그것들을 보다가 지루하고 짜증이 나서 험한 말을 함.
결말 : 없음.

A : 게임을 하려는데 왜 손이 닿지 않았을까요?

B : 동그란 것은 태양이에요.

A : 우주에 있었군요.

B : 우주에 볼 것이 없어요.

A : 그림으로 보는 우주는 어떤가요?

B : 우주는 지루해요.

A : 우주에서 게임 말고 또 무엇이 있었나요?

B : 별로 할 게 없어요.

A : 이 꿈은 어떤 꿈인 것 같아요?

B : 지루한 꿈이요.

A : 실제로 게임이 재미있어요?

B : 게임을 하루에 30분씩 두 번만 해요. 다 지루해요. 우주에서도 지루해서 터져 죽을 것 같았어요.

A : 지루하지 않고 흥미 있는 것은 뭐가 있어요?

B : 자기 전까지도 지루해요.

A : 언제 꾼 꿈인가요?

B : 지난주 수요일에요. 저 꿈을 꾼 이유가 있어요. 그날 게임할 때도 지루했거든요.

A : 게임이 지루해져서 실망했군요.

B : 하고 싶은 것이 아니라 해야 하는 것을 하면서 사는 느낌이 드네요.

A : 지금 이 시간도 지루할 것 같은데 이렇게 그림도 잘 그리고 꿈 이야기를 들려줘서 고마워요.

'삶이 지루하다.'라고 계속 말하고 있는 사춘기 아이의 그림은 언어 표현과는 다르게 섬세하고 사랑스럽다. '나는 사는 게 지루하기만 하다.'라고 여러 번 말해도 그대로 존중받은 세미나에서의 시간은 자신의 답답한 마음을 이해받는 경험이 되었을 것이다. 사춘기 아이들은 자신의 정체성을 찾아 나서는 매우 혼란스러운 시기이다. 삶의 부조리함과 사회의 비합리적인 현상들을 어른들처럼 자연스럽게 이해하고 받아들이지 못한다. 스스로 소화해야 할 것들이 가득 한 사춘기의 아이들은 시각적·정서적으로 미적 경험을 많이 경험하도록 해주고 삶의 부정과 긍정을 모두 인지하고 균형적인 생각을 가지도록 도와야 한다.

무엇보다 중요한 것은 '우주 속에 무기력하게 힘없이 떠 있는' 그 마음을 이해받는 것이다. 그리고 자신의 정체성을 찾게 되는 시간과 어쩔 수 없이 부조리한 사회 속에 적응해가는 시간이 필요하다는 것을 이해해야 한다. 어른들에게는 아이를 믿고 그 시간을 기다려 주는 인내심과 아이만의 속도를 인정해주는 태도가 필요하다.

4 사실은 좋아하는 남자친구가 있어요

(여, 12세)

이야기를 나누다가 자신의 마음이 무엇인지 알게 되었다고 말한 후, 필자에게만 귓속말로 말을 했던 특별한 경우다. 아이는 이야기를 하는 도중에 갑자기 필자에게 다가와서 귓속말로 '제가 좋아하는 남자애가 있어요.'라고 했다. 꿈의 의미를 떠나 솔직한 마음을 표현한 것은 자기표현이 어려운 사춘기 아이로서 매우 의미 있는 도전이었다. 누군가에게 이해받고 싶었던 속마음을 털어놓고 존중받은 경험만으로도 의미 있는 일이다.

"어느 낯선 곳에 갔는데 이상한 냉장고가 있어서 열어봤더니 신기하게 생긴 음료수들이 들어있었어요. 음료수를 마셨더니 내 몸이 알록달록 무지개로 변했어요. 뒤에는 남자친구가 서 있었

고 그 친구도 음료수를 마셨는데 별처럼 반짝거렸어요."

발달 : 낯선 곳으로 감.

전개 : 이상한 냉장고를 발견함. 냉장고 문을 열어보니 신기하게 생긴 음료수들이 들어있음.

절정 : 음료수를 마심. 뒤에 서 있던 남자친구도 함께 마심.

결말 : 내 몸이 알록달록 무지개로 변하고 남자친구는 별처럼 반짝거림.

A : 그림에 있는 것이 다 음료수예요?

B : 네, 이걸 마셨어요.

A : 몸이 변했을 때 어땠어요?

B : 이상한 기분이 들었어요.

A : 어떤 생각을 했나요?

B : 신기하다…

A : 거기 또 누가 있었나요?

B : 어떤 남자애가 별을 먹고 반짝반짝했어요.

A : 그 남자애는 어린아이였나요?

B : 동갑인 것 같아요.

A : 그 친구도 음료수를 마셨어요?

B : 네. 근데 걔는 별 음료수를 마셨어요.

A : 그리고 그 친구랑 또 뭘 했나요?

B : 같이 이상한 성에 갇혔어요.

A : 어쩌다가 성에 갇혔을까요?

B : 계속 이상한 곳으로 가게 되었어요. 이상한 비행기를 타고 조각상 위로 올라가 매달려 있었어요. 밑에는 용암 바다였어요. 다시 비행기가 와서 저희 둘을 태우고 가서 착륙했어요.

A : 그 친구가 혹시 실제로 아는 친구인가요?
(갑자기 필자에게 다가오더니 귓속말로 자기가 좋아하는 남자친구가 있는데 이제 그 친구와 다른 반이 되어 속상하다고 말함.)

A : 그랬군요. 나에게 말해줘서 고맙고 그림도 아름다워요.

그림 속에는 여러 가지 다양한 음료수들이 있는데 그 중 무지개와 별이 그려진 음료수는 하나의 형상 안에 그려져 있다. 그림에 대한 어린이의 이야기에서 무지개는 나 자신이고 별은 좋아하는 남자친구를 상징하고 있다고 말했다. 좋아하는 그 친구가 이제는 다른 반이 되어 다른 친구들과 더 가까이 지내는 것에 대해 속상한 마음이 있는 것 같다고 스스로 말했다. 그런데 꿈의 의미를 조금 더 깊게 보면 별처럼 반짝거리는 별 음료수는 자신이 원하고 있는 자신의 모습이라고 볼 수 있다. 자신이 다른 친구들 사이에서 더 빛나고 특별하기를 바라는 욕구를 알 수 있다. 그래서 무지개와 별이 하나의 형상 안에 존재하고 있으며, 별처럼 반짝이는 이것은 좋아하는 남자친구가 아니라 바로 자기 자신이다.

추상적인 그림이지만 상징적인 표현이 잘 되어있다. 꿈에 나온 일부의 장면과 사물들을 확대하여 재미있게 표현한 것이 창의적이다. 좋아하는 친구와 둘이 있는 장면은 그리지 않고 필자에게만 따로 귓속말로 한 것은 다른 사람들에게 드러내기 어려운 이성에 대한 감정으로서, 사춘기에는 특히 더 민감한 부분이다. 또한, 자신의 무의식 안에 있는 또 다른 나를 만나는 일은 두렵기 때문이다. 자신의 진심과 욕구를 솔직하게 표현한 것은 의도치 않았어도 그림에는 표현될 수 있다. 이것이 이미지의 힘이다.

　사춘기 아이들은 대부분 그림을 그리는 것을 좋아하지 않는다. 대상에 대한 상상의 세계와 현실적 형상의 차이를 알게 되면서부터 사실적으로 그림을 그리지 못하는 것에 관해, 그림은 어렵고 자신은 그림을 잘 못 그린다고 생각하기 때문이다. 또한, 내 마음대로 자유롭게 표현할 수 있는 어린 시기가 지나고 다른 사람들이 어떻게 평가할지에 대한 생각이 커지는 시기라서 그림 그리는 것에 흥미가 사라진다. 그런 시기에도 불구하고 그림을 그리는 것을 시도하고 자신의 꿈과 이야기를 들려준 것은 큰 용기이다.

5

내 힘으로
서야 한다는 걸
나도 알아요
(남, 11세)

파스텔로 도화지를 가득 메우고 손으로 문지르기도 하며 정성스럽게 그림을 그렸다. 거대한 자연을 통해 내 힘으로 어찌할 수 없는 무력감과 두려움을 드러내고 있다. 아이가 무섭다고 느끼는 거대한 자연의 힘 안에 아빠의 모습은 아주 작지만 선명한 전경으로 표현되었다. 아이의 마음이 잘 표현된 그림이다.

"파도가 제 키만큼 높았어요. 제 왼쪽에는 방파제처럼 돌들이 쌓여있어요. 저 사람은 아빠예요. 아빠가 파도를 피해서 달리고 있어요. 그 모습을 내가 보고 있어요."

발달 : 바닷가로 감.

전개 : 파도가 키만큼 높게 치고 있고 왼쪽에는 방파제처럼 돌이 쌓여있음.

절정 : 아빠가 파도를 피해 혼자서 달리고 있음.

결말 : 없음.

A : 아빠가 왜 뛰어가고 있나요?

B : 안 다치려고요.

A : 나는 어디에서 아빠를 보고 있어요?

B : 나는 없어요. 그렇지만 아빠를 보고 있어요.

A : 아빠가 위험한 상황에 있었나요?

B : 아니오. 모르겠어요.

A : 지금 그림 속 아빠는 어때 보여요?

B : 위험해 보여요. 이야기가 길어요. 저 위로 올라가서 아빠와 내가 댐을 건넜어요. 아래에는 물이 세차게 흐르고 있어서 무서웠어요. 우리가 있는 곳이 점점 높아지고 있어서 빨리 뛰어가는 게 무서웠어요.

A : 실제로 요즘 아빠는 어떠신가요?

B : 아빠는 외국으로 출장 가서서 못 본 지 일곱 달이 되었어요.

A : 아빠가 보고 싶나요?

B : 네.

A : 아빠는 잘 지내고 계시는가요?

B : 아빠는 혼자 계세요. 김치가 없어서 힘들어하세요.

A : 아빠가 걱정되는군요.

B : 아빠가 김치가 없는 곳에 계셔서 걱정돼요.

A : 아빠랑 같이 뭘 했던 것이 기억나요?

B : 너무 오래 돼서 기억이 안 나요.

도화지 가득 자신의 마음을 잘 표현했다. 꿈 하나, 그림 하나에도 아이의 많은 감정이 느껴진다. 그리움, 불안, 무력감, 슬픔... 어른들이 생각할 때 일곱 달이라는 시간은 그리 길지 않을 수 있다. 그러나 정서적으로 든든하게 지지해줄 수 있는 아빠가 필요했던 사춘기 시기에 아빠와 떨어지게 된 아이에게는 그 시간이 아득하게 길지도 모른다. '김치가 없어서 아빠가 힘들어한다.'라는 말은 아빠를 걱정하는 실제 마음의 작은 일부일 뿐이다. 아이의 언어 표현 속에서 '김치'는 아빠가 걱정되어 불안한 마음의 상징이다.

아이는 '아빠와 화상통화를 자주 한다.'라고 말했는데 아빠가 혼자 타지에 지내면서 힘든 점을 간혹 아이에게 무심히 말하지 않았을까 생각된다. 만약 그런 말을 하지 않았다고 해도 부모의 정서는 아이에게 그대로 전해진다. 별 의미 없이 하는 넋두리가 사춘기 아이에게는 아빠와 헤어져 지내면서 자신이 힘든 부분들이 아빠의 힘들어하는 마음과 연결되어 더 강하게 느껴질 수도 있다.

그림 속에서 자신은 힘없는 어린아이일 뿐이고 아빠를 힘들게 하는 요소들은 인간의 힘으로 할 수 없는 거대하고 무서운 자연으로 대치되었다. 아빠가 함께 있지 못한 상황에서 자기 자신의 힘으로 자신의 문제를 해결해 나가며 독립적으로 존재해야 한다는 두려움이 아빠의 감정에 투사되었다. 그래서 아빠는 많이 힘들고 자신은 그것을 보고만 있어야 하는 무력감으로 표현되고 있다.

아빠를 많이 의지했던 아이라고 생각되지만 스스로 극복해야 할 많은 것들을 부딪히게 되면서 자신의 삶에 더 강한 책임감을 안고 성장해나갈 것이라 믿는다. 꿈 해석 과정은 무의식의 이미지를 드러내며 우리에게 얼마나 많은 귀한 이야기들을 전해주고 있는가.

6 엄마는 나를 좋아하는 걸까
(여, 7세)

검은색 크레파스만 사용하여 그림을 그린 것이 인상적이다. 다양한 색으로 표현하려는 의지가 높은 나이의 일반적인 특성에 비해 단조로운 표현이 억압된 감정의 가능성을 유추해 볼 수 있다. 그림을 그린 후 세미나에 함께 참석했던 부모님에게 다가가서 자기가 그림 그리는 것을 도와달라고 말했다. 도와주지 못하는 상황이라는 것을 인식한 후에도 부모님 곁을 몇 번씩 왔다 갔다하다가 자리에 앉았다. 부모님과 연관된 불안함이 느껴지기도 했지만, 아이가 스스로 자신을 표현하기 위해 애쓰고 있다는 것이 느껴져 기특하고 대견했다.

"집 문이 열리는 바람에 고양이가 밖으로 나가 사라져서 내

가 울었어요. 아빠와 내가 고양이를 찾으러 나갔지만 찾지 못하고 집으로 다시 들어왔어요. 그런데 고양이가 다시 돌아와서 문이 열린 틈으로 들어왔어요. 아빠랑 고양이에게 간식을 주고 놀아 줬어요."

발달 : 집에서 밖으로 나가려고 문을 염.
전개 : 고양이가 문밖으로 나가 버림.
절정 : 나는 울고 있고, 아빠도 울면서 나와 고양이를 잡으러 다니고 있고, 엄마는 자고 있음.

결말 : 열린 문틈으로 아빠와 나, 고양이가 함께 다시 집으로 들어감.

A : 그런데 그림 속에 고양이가 두 마리네요?

B : 고양이가 집을 나가는 것도 그려야 했고 들어간 것도 그려야 했어요.

A : 고양이를 찾으러 나갔을 때 기분이 어땠어요?

B : 울고 있었어요.

A : 아빠는 어떠셨어요?

B : 저는 울고 있었고, 아빠는 고양이 잡으려고 막 다니고 있었어요.

A : 아빠는 기분이 어떤 것 같았어요?

B : 아빠도 울고 있어요.

A : 엄마는 어디에 있었어요?

B : 엄마는 집안에서 자고 있어요.

　그림 한 장에 아이의 모든 감정이 담겨 있지는 않다. 그러나 그림 한 장에 많은 것이 담길 수 있다. 꿈을 그린 후 그 꿈을 마주하는 일이 어린아이에게도 참 어려운 일이다. 숨죽이고 있던 자신의 감정을 만나야 하고 그것이 결코 편안한 감정은 아니라는 것을 아이도 느끼고 있다. 이렇게 불편한 그림을 그린 후 부모님에게 확인을 받고 싶어 하는 특징적인 행동에도 의미가 있다. 필자는 아이와 대화를 나누고 부모님께 몇 가지 질문을 했다. 아이의 아버지는 집에서 고양이 한 마리를 키우는 데 자신과 딸 아이는 고양이를 너무 좋아하지만, 아내는 싫어한다고 말했다. 그 대화를 하는 중에 아이가 '엄마는 고양이를 싫어하고 버리고 싶다는 말을 했었다.'라고 말했다.

　아이의 어머니께 아이가 집에 있을 때 주로 무엇을 하는지 질문을 했다. 아이들의 그림 속에서 엄마가 등장하지 않거나 엄마가 잠을 잔다고 말하는 경우에는 엄마의 '우울'을 고려해 볼 필요가 있기 때문이다. 어머니는 현재 우울증이 있다고 솔직하게 말해주셨고, 실제로 많은 시간 동안 누워있고 자신은 고양이를 싫어한다고 했다. 집에서 같이 생활하고 있는 고양이의 존재는 단순히 엄마가 싫어하는 고양이가 아니다. 꿈속에서 고양이는 아이 자신이다. 엄마와 교감하지 못하고 있는 정서적인 부분들에 대한 아이의 불안함과 욕구이다.

엄마의 우울은 아이의 정서에 큰 영향을 미친다. 엄마의 모든 정서가 아이에게 그대로 전달되기 마련이고, 아이는 그 정서를 무의식적으로 학습한다. 엄마가 오랜 시간 동안 우울한 감정을 느끼고 있다면 아이는 엄마의 사랑과 관심에 목마르다. 그러나 우울증을 경험하고 있는 힘든 엄마의 입장에서 생각해 보면, 고양이는 버거운 존재로만 느껴질 수 있다. 아이와 교감할 수 있는 것은 고양이가 아니더라도 다른 무엇이든 반드시 있을 것이다. 아이와 엄마가 함께 좋아하는 것, 순간적 감정이더라도 즐거운 감정을 같이 느낄 수 있는 것, 그것을 찾아야 한다.

아이를 사랑하는 것이 물론 중요하지만, 더 중요한 건 부모가 자신의 마음을 먼저 보살펴 주는 일이다. 그러한 노력이 아이들에게도 학습이 되어 자신의 마음을 소중히 여기는 태도를 배워나갈 것이다. 어린이 꿈 해석의 과정은 부모님들에게 지난 시간에 대한 후회와 죄책감을 만들어주는 것이 아니다. 지나간 날

들보다 더 나은 날들을 위해 필요한 시간이다. 아이들에게 가장 지혜로운 부모는 자기 자신을 보살피고 사랑하는 사람들이다.

7 부모님의 이야기

"엄마가 미안해."

어린이 꿈 해석 세미나를 마친 후 모든 과정을 함께하신 부모님들의 공통적인 참여 소감은 '엄마가 몰랐어. 엄마가 미안해.'였다. 아이의 마음을 미처 알아주지 못하고 공감해 주지 못해서 후회되고 죄책감도 느낀다고 했다. 아이가 지나가듯 말한 것들이 그토록 아이에게 중요하고 깊은 감정을 느끼는 일이었는지 알지 못했었다는 것이다. 그리고 자신이 생각했던 것보다 아이들이 훨씬 많은 것들을 느끼고 생각하고 있고, 알고 있다는 걸 깨달았다고 했다. 그 장소에서 바로 아이들에게 미안하다고 말하고 안아주는 행동이 자연스럽게 이루어졌고 아이들은 환하게 웃으며 품에 안겼다.

완벽한 부모는 있을 수 없다. 우리는 모두 불완전한 존재이기에 어떤 역할도 완벽하게 해낼 수가 없다. 아이들에게 미안해서 후회하고 죄책감을 가지는 것은 아이들에게도, 나 자신에게도 좋은 영향을 미치지 않는다. 놓쳐버린 아이의 마음이 있다면 그것을 알게 되었을 때 아이의 마음을 이해해 주고 충분히 공감해 주면 된다. 무엇보다 진심으로 미안해하는 마음이 아이에게 잘 표현되고 올바르게 전달되는 것이 중요하다. 그러면 아이들의 다쳤던 마음이 충분히 존중받고 위로받기 때문에 더는 문제가 되지 않는다.

참여했던 모든 어린이가 자신의 꿈을 마주하고 마음속 이야기를 풀어 놓았다. 표현에 대한 아이들의 적극적인 태도와 용기에 큰 칭찬과 고마움을 보낸다.

IV. 한국의 세미나
성인의 어린 시절 꿈 해석 사례

모든 것은 지나가지 않는다

어른이 된 지금 돌이켜 생각해보면 사소한
일일 수 있지만, 그 어린아이에게는
무거웠던 정서적 경험이 지금도 여전히 그
무게를 안고 있다

***

    가장 선명하게 기억나는 꿈 하나를 떠올려 볼 때 아주 오래전 꾸었던 꿈이나 여러 번 반복적으로 같은 꿈을 꾸었던 경우를 이야기하는 사람들이 많다. 수십 년이 지난 시점에도 어떤 꿈은 그 이미지가 아직도 선명하고 꿈속에서의 느낌을 신체적 감각으로도 기억하고 있는 경우가 있다. 이러한 꿈은 무의식에서 내 의식으로 현재의 삶에서 꼭 필요하고 중요한 메시지를 계속해서 보내고 있다는 의미이다. 의식은 꿈을 기억하는 기능을 할 뿐, 무의식이 꿈을 통해 무엇을 말하고 싶어 하는지는 깊게 생각하지 않는다.

    아주 어릴 때 꾼 꿈이라면 그 아이에게 특별했던 감정적 경험을 했다는 그것을 의미한다. 어른이 된 지금 돌이켜 생각해보면 사소한 일일 수 있지만, 그 어린아이에게는 무거웠던 정서적 경험이 지금도 여전히 그 무게를 안고 있다. 오랜 시간 동안 반복적으로 꾸는 꿈은 좀 더 중요하다고 볼 수 있다. 그런 꿈은 어떤 이야기가 담겨 있는지 꼭 한번은 다루어 보는 것이 좋다. 오랜 시간 동안 미루어 왔던 중요한 숙제를 해치우면 속이 시원하듯, 그 꿈을 만나고 이해하게 되면 무의식 안에 있던 그 아이도, 지금의 나도 해방감을 느낄 것이다.

모든 것은 지나가지 않는다. 나의 그림자는 나의 관심이 필요하다.

1 엄마가 사라질까 봐 불안해

(여, 39세, 5세 때 꿈)

참여자는 자신이 5세였을 때 꾸었던 꿈의 이미지가 아직도 선명하게 기억이 난다고 했다. 너무 오래전의 꿈이라 많은 부분은 기억이 나지 않으나 꿈의 내용에서 가장 강렬한 감정을 느꼈던 절정 부분은 그 이미지와 느낌이 선명하게 기억이 난다고 했다. 제 몸보다 훨씬 크고 집보다도 큰 뱀이 집 안으로 들어오고 있고 아이는 공포에 떨고 있는 모습이 정확한 꿈의 이미지와 느낌을 표현하고 있다.

"커다란 괴물이 담을 넘어오고 있고, 나는 무서워하고 있어요."

발달 : 없음.

전개 : 없음.

절정 : 커다란 괴물이 담을 넘어오고 있고 나는 무서워함.

결말 : 없음.

A : 지금 그림을 보면서 어떤 느낌이 드나요?

B : 무섭고 떨리네요.

A : 그 당시 저 아이의 환경과 삶을 떠올려볼까요? 커다란 괴물이 저 아이의 집을 덮쳐 버리고 침해하고 있네요. 우리 가족을 힘들게 했던 누군가가 있었나요?

B : 엄마가 제사가 너무 많아서 항상 너무 힘들어하셨던 모습이 떠올라요.

A : 엄마가 많이 아프셨거나 저 아이에게 힘들다는 말을 하신 적이 있나요?

B : 엄마가 어느 날 울면서 도망가고 싶다고 말씀하셨어요.

A : 5세 밖이 안 된 아이가 그 말을 들었을 때는 너무 걱정되고 실제로 그런 일이 일어날까 봐 무서웠을 것 같아요.

B : 아, 그랬던 것 같아요. 엄마는 늘 힘들다고 하셨고 저는 엄마를 힘들게 하는 제사가 싫었던 것 같아요.

39세의 성인이 5세 때의 꿈을 기억한다는 건 겨우 5세였던 어린아이가 느꼈던 감정이 얼마나 강렬했다는 것인가. 그 이후로 그 감정은 오랜 시간 동안 관심을 받지 못하고 그때의 감정 그대로 머물러있다는 의미이다. 아이들은 어른들이 지나가는 듯 푸념하는 말로 하는 것을 듣고 강한 자극을 받을 수 있다. 엄마가 늘 힘들다고 표현하는 게 아이에게도 불안감을 강화하는 행동이었는데, 어느 날 도망가고 싶다고 한 엄마의 말이 아이에게는 '엄마는 어느 날 갑자기 나를 떠날 수도 있다.'는 의미로 받아들인 것이다. 어른의 언어와 아이의 언어는 다르다. 꿈의 앞뒤는 기억이 안 난다고 했지만, 엄마가 그 당시 실제로 했던 말이 정확히 기억난다는 건 어린아이가 감당하기엔 힘든 내용이었다.

이렇게 상처받은 아이의 마음이 그림자의 영역에 오랫동안 숨죽이고 있는 것을 심리학 개념으로 '상처받은 내면 아이'라고 한다. 누구에게나 무의식 안에는 상처받은 내면 아이가 있다. 어린아이가 받은 모든 상처와 감정을 표현하지 못하고 이해받지 못한 채 살아가는 것은 특별한 경우가 아니다. 완벽한 부모도, 완벽한 어른도 존재하지 않기 때문이다. 그렇지만 성인이 된 후 자신의 상처받은 내면 아이를 스스로 찾아보고 만나는 일은 자신의 진정한 정체성을 찾고 자신의 삶에 대한 책임을 지는 것이다.

2 내가 가족들을 보호해야 해

(여, 24세, 6세 때 꿈)

그 당시 비슷한 꿈을 여러 번 꾸었었다고 했다. 그래서 항상 궁금해서 친구들과 부모님께 이야기할 만큼 꿈의 의미를 찾고 싶었다고 했다. 자기의 무의식을 만나고 싶어 하며 꿈 해석에 적극적인 태도를 보였다. 꿈 이야기를 할 때도 마치 어제 꾼 꿈을 말하듯 이미지에 대하여 확신에 찬 듯 큰 목소리로 말했다.

"나 혼자 집에 들어갔는데 아무도 없어서 가족들을 찾기 위해 번화한 거리로 나갔어요. 그런데 아빠는 구덩이에 빠져서 꺼내 달라고 소리치고 계셨고, 저 멀리에서는 검정 옷을 입은 어떤 남자가 남동생을 끌고 가서 차에 태웠어요. 나는 동생에게 그 차를 타면 안 된다고 소리쳤는데 동생이 웃으면서 그 차를

타고 갔어요. 그리고 엄마는 그 당시 실제로 자주 입으셨던 회색 바바리를 입은 채 머리가 잘려 죽어있었어요. 결국은 내가 아빠를 구해서 아빠랑 저는 쓸쓸히 집으로 왔어요."

발달 : 집에 혼자 들어감.
전개 : 집에 아무도 없어서 찾으려고 밖으로 나갔는데 변화한 길이 나옴.
절정 : 아빠는 구덩이에 빠져서 살려달라고 외치고 있고, 동생은 검은 옷을 입은 낯선 남자에게 끌려가고, 엄마는

　　　　머리가 잘린 채 죽어있음.
결말 : 아빠를 구해서 집으로 옴.

A : 꿈을 꾸던 시기에 가족들의 상황은 어땠었나요?

B : 엄마가 오랫동안 많이 아파서 같이 안 살았고 할머니와 아빠랑 살았어요.

A : 아빠는 어떠셨어요?

B : 아빠가 같이 살았지만 나를 잘 돌봐주지 못했어요. 동생은 길을 자주 잃어버려서 제가 자주 찾아다녔어요.

A : 어린아이가 동생도 보살펴야 했고 힘들었겠어요.

B : 그랬었나 봐요. 지금 생각해보니 너무 어린아이였는데 모든 게 버거웠던 것 같아요.

참여자는 여러 번 반복해서 꾸었던 자신의 꿈의 의미가 궁금

했지만, 꿈을 시각화하는 순간 오래전 그 아이의 마음을 이해하게 되었다. 참여자와 대화를 길게 하지 않았지만, 참여자는 방어적인 태도가 적어 그림을 설명하면서 동시에 스스로 꿈의 의미를 이해하고 있었다. 이처럼 무의식에 대한 호기심과 꿈 해석에 대한 열린 마음이 있는 경우에는 꿈을 시각화하는 과정에서 스스로 그 의미를 통찰하게 된다. 꿈을 도화지로 옮기고 거리를 두고 바라보는 행위는 자기를 객관적으로 볼 수 있는 경험이 되며, 자신의 의지가 중요하다.

꿈은 꿈을 꾸던 당시 그 사람이 어떤 상황에 처해 있었는지 떠올려보게 한다. 여섯 살 어린아이가 느꼈던 불안과 두려움을 알아차리고 공감해 주는 일, 힘들었던 아이의 감정은 이제 관심과 보호 속에 있다. 이제는 그때 아팠던 엄마와 아빠도 각자의 자리에서 힘든 시기를 보내셨었다는 것도 생각해볼 수 있기에 부모님을 이해할 수 있는 마음의 힘이 생겼을 것이다.

3 여기를 떠나고 싶어
(52세, 11세 때 꿈)

그 당시 살았던 실제 동네의 모습이 꿈에 그대로 나온 경우이다. 시골의 아주 작은 마을에서 여러 형제와 같이 자랐다고 했다. 오래된 꿈이어도 그 이미지가 아직도 매우 선명하다고 말했지만 그림은 아주 조심스럽게 표현했다. 대화를 나누는 중에 갑자기 눈물을 흘리기도 했다.

"작은 시골 마을에 유일하게 있던 아주 근사한 건물의 극장이었는데 극장 옆에 큰 문이 있었어요. 내가 그 문을 열고 들어가 보니 상상도 하지 못했던 세상이 펼쳐져 있었는데 나는 그곳이 미국이라고 생각했어요. 저는 그때 동생이랑 같이 있었는데 둘이 같이 그곳으로 들어갔어요."

발달 : 작은 시골 마을에 있는 멋진 극장과 큰 문이 보임.

전개 : 동생과 극장 옆에 있는 큰 문으로 들어감.

절정 : 상상도 못 했던 멋진 세상이 눈 앞에 펼쳐짐.

결말 : 이곳이 미국이라고 생각함.

A : 이 그림과 연상되어 떠오르는 일이 있을까요?

B : 꿈속에서 한 번도 경험하지 못한 세상을 만나는 기대감

이 있었고 기분이 좋았어요. 지금 그리면서 생각해보니 그곳은 디즈니랜드 같은, 꿈이 가득한 세상이었던 것 같아요. 저는 아주 작은 시골 마을에 살았었는데 실제로 저 극장이 있었고 그 동네에서 유일한 서양의 건축양식이었어요. 제가 항상 멋있다고 생각했던 것 같아요. 다른 일은 기억나지 않아요.

A : 말씀하신 디즈니랜드라는 상징, 그때 꿈꾸었던 희망이나 소망이 꿈에 나타난 것일까요?

B : 그런 것 같아요.

A : 나와 동생의 뒷모습이 보이네요. 문은 열려 있고 그곳으로 당장 가고 싶어 하는 것 같아요. 미국에 가고 싶다는 생각을 많이 했었나요?

B : 그런 생각은 하지 않았어요.

A : 그럼 저곳은 어떤 것이 달라지는 환경을 의미할까요?

B : 생각해보니 어릴 때 형제가 많아서 부모님의 돌봄을 충분히 받지 못했던 건 사실이에요.

A : 그런 이유로 어릴 때 느꼈던 감정이나 생각이 생각나는 게 있나요?

B : 그림을 그릴 때는 그냥 그림이구나... 했는데 말을 하다 보니 나의 결핍이 나오는 것 같네요. 지금 생각해보면 돌봄이나 인정받는 것에 욕구가 있었지만, 그때는 그런 게 필요한 것인지도 몰랐던 것 같아요(눈물을 흘리며 이야기함).

A : 어릴 때 감정을 떠올려서 마주하는 건 아주 어려운 일이 맞아요.

B : 사실 전 솔직하게 감정을 표현하는 것에 서툴러요. 나는 왜 솔직하게 표현하는 걸 못하는지 감정을 억압하는 게 습관이 되어버린 것 같아요.

A : 그런데 지금은 아주 잘하고 계셔서 좋은 경험이 될 거예요.

B : 제가 기억하는 어릴 때의 유일한 꿈인데 새로운 세상을 동경했던 어릴 적 나를 만나게 되네요. 나를 알아가는 건 생각보다 쉽지 않은 것 같아요.

자기감정을 솔직하게 표현하는 것이 어려운 사람들은 이렇게 은유적이고 우회적인 방법으로, 그러나 꾸준히 감정을 표현하는 연습을 하는 것이 도움이 된다. 나 자신을 만나는 일은 누구에게나 큰 두려움이지만 이것도 연습이 되면 힘이 생긴다. 자신의 뒷모습을 그린 것처럼 자신을 표현하는 일이 많이 힘들었던 참여자이지만, 다시 생각해 볼 수 있는 기회를 주었을 때 그 기회를 놓치지 않고 마음을 열었던 용기가 훌륭하다. 참여자의 무의식으로부터 의식을 향해 무엇이 필요하고, 무엇을 해야 하는지 아마도 계속 메시지를 보내 왔을 것으로 생각한다. 그 메시지를 무시하지 않고 마주하는 기회를 만났고, 중요한 순간을 지혜롭게 처리했다.

우리의 행복은 진실을 어떻게 받아들이고 대처하느냐에 달려 있다. 그러나 진실은 늘 '여기'가 아닌 '거기'의 문을 열고 나가야 만날 수 있다. 우리의 행복은 진실을 붙잡으려고 노력한 후에 따라오는 결과이다.

4. 나를 짓누르는 두려움
(여, 21세, 13세 때 꿈)

참여자는 그림에 나타난 이미지를 보면서 물속에서는 기분이 좋았다고 말했다. 그러나 웃고 있는 얼굴로 실제로 욕조 물속에 잠겨 누워있다면 숨이 막힐 것이다. 칼 융은 꿈속의 대상에 대한 느낌은 현실에서 느끼는 것과 같은 것이라고 했다. 행복했던 경험이 두려웠던 경험에 가려진 듯 여러 가지 감정과 갈등이 느껴지는 그림으로서 꿈속에서의 느낌이 잘 표현된 그림이다.

"욕조에 앉아있다가 물을 채우고 욕조에 들어갔는데 기분이 좋았어요. 그런데 물속으로 들어가 숨을 멈추고 욕조 바닥에 누워있다가 나오려고 하는데 물이 계속 쏟아져서 나올 수 없었어요. 숨이 너무 차서 괴로워하다가 잠에서 깼어요."

발단 : 욕조에 물을 채우고 들어감.

전개 : 물속으로 들어가 숨을 멈추고 바닥에 누움.

절정 : 다시 밖으로 나오려는데 물이 계속 쏟아져서 숨이 차고 괴로움.

결말 : 없음.

A : 그 당시 실제 생활에서 떠오르는 일이 있나요?

B : 그때 초등학교 6학년이었고 전학을 갔어요. 내 인생에서 가장 행복했던 시기였어요.

A : 가장 행복했던 이유가 뭐였나요?

B : 전학 후에 적응을 잘했거든요.

A : 그럼 전학하기 전에는 어땠었나요?

B : 전학하기 전에는 힘들었어요.

A : 어떤 점이 힘들었어요?

B : 친구들이 편 가르기를 했었고 나와 친했던 친구들이 다른 애들 편들지 못하게 했어요. 그런데 꿈을 꾸었던 때가 6학년 때 같기도 하고 중1인 것 같기도 하고... 만약 중1 때 꾼 것이라면 그때 학교에 적응하면서 많이 힘들었어요.

A : 어떤 부분이 가장 힘들었나요?

B : 관계요. 친구들과 친해지기가 많이 힘들었고 다 낯설고

힘들었어요.

아이들은 처음 어린이집을 갈 때, 처음 초등학교를 들어갈 때, 처음 중학교를 들어갈 때 심리적으로 큰 부담을 느낀다. 칼 융도 어린이가 새로운 사회 구조 속으로 들어가 새로운 생활을 시작하는 시기에 불안의 감정을 강하게 느낀다고 했다. 참여자가 전학하기 전 친구들로부터 힘든 일을 경험했었던 가능성을 생각해볼 수 있다. 사춘기와 청소년 시기에 학교에서 친구들이 '너는 다른 친구들과 친해지면 안 돼.'라는 내용으로 선택과 행동을 일방적으로 강요하는 사례들을 자주 볼 수 있다. 참여자는 그 이야기를 시작하자마자 중학교 1학년으로 시간을 이동하여 친구들과 가까운 관계를 만드는 것이 힘들다고 말했다. 이처럼 시각적 이미지는 시공간을 넘나들게 해주는 특별한 힘과 속성이 있다.

오랜 시간이 지나 성인이 된 지금도 그 꿈속에서 숨이 막힐 것 같았던 고통스러운 느낌을 기억하고 있지만, 숨어 있는 이야기에 관해 더는 말하고 싶지 않은 것 같았다. 꿈 해석을 하는 과정에서 힘든 사건의 기억을 다시 마주하는 것은 누구나 힘들다. 6학년에 올라가면서 전학을 했었고 가장 행복했던 시기였는데, 다시 중학교에 가면서 친구 관계가 어려워졌고 6학년 이전에 경험했던 힘들었던 일이 다시 두려움으로 전이되었을 가능성을 유추해볼 수 있다. 칼 융은 꿈속에 등장하는 '물'은 두 가지의 상징성- 파괴성 또는 치유와 구원의 의미가 있다고 했다. 참여자의 행복을 파괴하는 환경적 요소들에 대한 저항과 두려움, 그러나 자신의 행복을 지키고 싶어 했던 아이의 욕구를 알 수 있다.

필자는 참여자의 갑작스러운 방어적 태도의 원인이 무엇이든 있는 그대로 이해하고 존중하고자 더 질문하지 않았다. 그러나 참여자는 세미나를 마치고 소감을 나누는 시간에 '친구가 같이 오자고 해서 그냥 아무 생각 없이 따라왔는데 오길 정말 잘했다는 생각이 든다고 하며 자기를 데리고 와준 친구에게 '고맙다.'라고 했다. 모든 것을 말할 필요는 없고 그럴 수도 없다. 꿈 해석은 그 과정에서 스스로 깨닫는 의미와 새로운 이야기가 구성되는 내러티브의 과정으로서 경험만으로도 도움이 된다.

5   나는 이제 겨우 다섯 살인데

(여, 57세, 5세 때 꿈)

57세 성인이 5세 때 꾸었던 꿈의 이미지를 기억한다는 것은 매우 의미 있고 특별하다. 꿈 그림을 그리고 설명하는 과정에서 다섯째 동생이 태어났다고 말하는 순간에 진행자의 표정이 굳어지고 멈칫하는 모습을 보였다.

"저는 2남 5녀 중 셋째인데, 다섯째 동생이 태어날 때, 엄마와 아이, 그리고 산파가 나오는 꿈이에요. 비가 내리고 있었고 저희 자매 세 명이 처마 밑에서 비를 맞고 있는데 하늘에서 물고기가 떨어져 내렸고 발밑으로 물고기들이 떠다니고 있었어요. 다섯째 동생이 태어났는데 네 번째 동생은 혼자 철없이 어디로 갔는지 잘 모르겠어요."

발달 : 초가집에서 엄마와 산파, 딸 세 명이 있고 엄마가 아기를 낳고 있음.

전개 : 엄마가 아기를 낳음.

절정 : 비가 오는데 처마 밑에 아이들이 있고 하늘에서 물고기가 떨어져 내림.

결말 : 발밑에서 물고기들이 떠다님.

A : 지금 그림을 보면서 어떤 생각이 드나요?

B : 왜 하늘에서 물고기가 떨어지는지 의아해요.

A : 그런데 넷째 동생이 어디로 갔는지 모르겠다고 하셨고 나란히 서 있는 자매들 속에도 없네요. 그림 속에 그 동생은 없다는 것을 생각해보시면 좋겠어요.

B : 엄마가 말씀하셨는데 넷째와 제가 항상 모든 것에서 경쟁했다고 했어요. 내가 경쟁 상대로 생각했었기 때문에 그리고 싶지 않았던 것 같네요.

A : 5세밖에 되지 않은 너무 어린아이에게 동생이 네 명이나 있어서 부모님께 어리광도 못 부리고 혼자 마음속으로 힘들었을 것 같아요.

B : 그러니 동생이 또 태어난 상황 자체가 엄청난 충격이었겠네요.

미술치료에서 스트레스 수준과 대처능력을 측정하는 질적 그림검사 도구로서 비가 내리는 상황 속에 있는 자신의 모습을 그리는 것이 있다. 비가 내리는 형태나 양은 스트레스의 정도를 의미하고 비를 맞는 모습과 태도, 우산의 여부 등은 개인의 스트레스 대처능력과 현재의 대처방식을 의미한다. 도화지 가득 비가 내리고 있는 이 꿈의 이미지는 어린 5세 아이가 느꼈던 버거운 스트레스를 생각해 볼 수 있다. 꿈 해석 과정에서 그림의 이미지보다 더 중요한 것은 참여자가 꿈을 그린 후 설명할 때의 표정이나 억양과 같은 태도, 그리고 표현한 이미지와 그것을 설명하는 언어 사이에 일치하거나 일치하지 않는 것을 관찰하는 일이다.

참여자는 다섯째 동생이 태어난 중요한 순간에 '넷째 동생은 혼자 철없이 어디로 갔는지 모르겠다.'라고 말하며 불평하듯 이야기를 했다. 꿈 해석을 위한 대화 중에 꿈의 제공자가 자기도 모르게 무심히 나오는 말에 중요한 의미가 있을 수 있다. 이러한 경우에 해석자가 참여자에게 그것에 대해 다시 말해주고 그 의미를 생각해보도록 하는 것이 좋다. 필자는 우선 참여자가 너무 어릴 때부터 동생들이 많아 혼자 마음속으로 참고 표현하지 못한 감정들이 있었을 것이라고 이해했다. 그리고 그 아이가 힘들었을 마음에 공감하는 말을 함으로써 참여자는 오래전 느꼈던 감정을 다시 떠올리는 힘을 얻게 되었고 '아이가 충격적이었을 것'이라고 말했다. 꿈 해석의 과정은 이처럼 이해하고 공감하는 안전한 환경을 만들어줌으로써 참여자가 자신을 마주할 수 있는 힘을 가질 수 있다.

6 엄마, 아빠에게 상처받은 마음

(여, 28세, 8세 때 꿈과 14세 때 꿈)

이 참여자는 두 개의 꿈을 다루고 싶어 했다. 8세 때 꾸었던 꿈과 14세 때 꾸었던 꿈이 또렷하게 기억이 나는데, 두 가지 꿈이 연결되는 내용이라고 말하며 두 개의 꿈을 하나의 그림으로 그렸다. 6년이라는 긴 시간의 간격이 있는데도 불구하고 두 개의 꿈을 동시에 기억하고 있고, 그 꿈들을 참여자 스스로 현재의 의식에서 연결하고 있다는 것이 중요하다.

"(첫 번째 꿈) 작은 방에 불이 꺼지고 그 방에서 제가 피를 토하고 있어요. 세숫대야에 그 피가 넘쳐 흘러서 온 방이 다 피로 가득하도록 피를 토했어요."

▎
발달 : 작은 방에 어린아이가 있음.

전개 : 아이가 피를 토하기 시작함.

절정 : 피가 세숫대야에서 넘쳐 방 전체에 피로 가득함.

결말 : 없음.

"(두 번째 꿈) 총을 가지고 있는 남자가 저에게 총을 쏴서 총알이 내 귀에 박혔어요. 그 남자가 저에게 '너는 죽이고 싶은데 죽일 수가 없어!'라고 말했어요."

발달 : 집안에 내가 있음.
전개 : 낯선 남자가 총을 가지고 집으로 들어옴.
절정 : 나에게 총을 쏘며 '너는 죽이고 싶은데 죽일 수가 없어!'라고 말함.
결말 : 총알이 내 귀에 박힘.

A : 저 어린아이가 왜 저렇게 많은 피를 토하고 있었을까요?

B : 저 당시 여러 가지로 힘이 들었는데 내가 왜 이런 꿈을 꾸었는지 이해를 못 했어요. 친구 관계, 집안 환경, 공부... 모든 것이 힘든 시기였어요.

A : 아이가 총에 맞았을 때 어떤 기분이었을까요?

B : 무서웠어요. 그 남자가 다른 사람들은 이미 다 죽였는데 나는 죽일 수 없다고 한 것에 대해 나는 왜 못 죽이는지 궁금하기도 했어요. 나에게 총을 쏘고 내 귀에 총알이 박혔는데...

A : 저 남자는 누구일까요?

B : 잘 모르겠어요.

A : 지금 그림을 보고 있는 기분은 어떤가요?

B : 제가 꿈에서 깬 후에 너무 흉측한 꿈이라 바로 그림을 그렸었어요. 그 그림도 너무 흉측했어요. 지금 생각해보니 그 그림은 광대의 느낌이었어요. 검은색 광대의 느낌, 어린 마음에 너무 놀라서 그림을 지워버렸어요.

A : 혹시 그 당시 누가 나에게 상처 주는 말을 했거나 나를 무시하는 말을 했던 경험이 있나요?

B : 엄마의 말에 상처를 많이 받았어요. 비교하는 말을 많이 하셨어요. '너를 잘못 키웠다!' 같은 말이요. 그리고 이 시기에 친구들과 싸운 적이 있었는데 보통은 싸워도 잘 풀고 넘어갈 수 있었지만, 엄마가 욱하는 성격이라 친구들에게 따지듯이 막 뭐라고 해서 한동안 엄마와의 대화가 단절되었어요.

A : 엄마에게 말로 반항하거나 말대꾸해본 적은 없나요?

B : 스무 살에 엄마한테 말한 적이 있는데 별 효과가 없었어요.

A : 그때 아버지와의 관계는 어땠어요?

B : 아빠가 내 따귀를 때린 적이 한 번 있었는데 그 일 말고는 지금도 사이가 나쁘진 않아요.

A : 아빠한테 맞았을 때 기분이 어땠는지 기억나나요?

B : 제가 계속 울었어요.

A : 이 꿈은 아빠한테 맞은 후에 꾼 것인가요?

B : 맞아요! 그리고 저 꿈에 나온 장소가 실제 아빠한테 맞은 방이랑 똑같아요.

A : 지금 저 아이를 보면서 어떤 생각이 드나요?

B : 저 아이가 너무 안쓰러워요.

A : 어떤 점에서 그렇게 안쓰러워요?

B : 방안을 가득 채울 정도로 피를 토했다는 것은 그만큼 저 아이가 힘들지 않았을까요.(말을 하다가 갑자기 울음을 크게 터뜨림). 근데 저는 성격이 항상 밝고 활발한 편인데 내가 힘들다는 걸 생각하지 않았던 것 같아요.

A : 저 아이가 엄마한테 상처 되는 말들을 듣고 아빠한테는 따귀를 맞고, 어린아이가 받아들이기엔 힘들었을 거예요. 겉으로는 계속 웃고 있지만, 마음속은 슬픔이 많은 가면을 쓴 것이 광대의 얼굴이지요. 저 아이가 오랫동안 슬픈 감정을 이해받고 싶어 하고 위로받고 싶었을 것 같아요. 그리고 스스로 알고 있었지만, 그 마음을 표현하고 만날 기회가 없었던 것 같아요.

B : 항상 속으로 저 꿈들을 혼자 생각만 했었어요. 사실 누구에게도 말한 적이 없고 조심스러웠는데 오늘 이렇게 꺼내고 울고 나니 속이 시원하네요.

참여자는 두 개의 꿈을 이미 스스로 연관성이 있다고 생각하고 있고, 그 꿈들이 자신에게 중요하다는 것을 알고 있었다. 그리고 두 개의 꿈이 모두 부모님 때문에 상처받은 아이의 마음이라는 것도 마음 깊은 곳에서는 알고 있었다. 그 당시 꿈을 꾸고 나서 스스로 꿈을 그림으로 그렸고 지금의 시점에서 꿈들을 떠올리니, 마치 '검은색 광대' 같다고 말하며 자기의 그림자를 광대의 존재로 상징화하고 있었다. 이에 필자는 다른 사람들에 비해서는 조금 더 속도를 당겨서 직접적인 질문으로 시작했다.

엄마들은 아이들이 말을 잘 듣지 않아 순간적으로 미울 때도 있고 귀찮을 때도 있다. 엄마도 불완전한 한 사람일 뿐이고 엄마 역할을 미리 경험해 보지도 못한 채 엄마가 된다. 세상에 엄마라는 역할보다 더 어렵고 힘든 일이 있을까! 그런데 아이들은 엄마가 화가 나서 순간의 감정대로 해버린 말에 상처를 받는다. 특히 다른 아이들과 비교하며 아이를 낮게 평가하는 듯한 말은 아이의 자존감에 부정적인 영향을 줄 수 있다, 필자가 사람들의 꿈 해석을 하면서 비슷한 사례들을 많이 경험했다. 중년의 나이가 되었음에도 아주 어릴 때 꾸었던 꿈을 기억하는 경우에 부모님으로부터 인정받지 못하거나 이해받지 못한다고 아이 스스로 느꼈던 감정이 꿈의 이유인 경우가 많았다. 어른들의 온전히 감정적인 말, 그 뒤에 숨어있던 진심대로 아이들이 알아줄 수만 있다면 얼마나 좋을까!

　꿈속의 아이는 엄마에게 인정받지 못한다는 생각에 자주 슬펐을 텐데, 자신을 사랑한다고 믿었던 아빠마저 자기를 때렸던 행동이 마음에 큰 상처가 되었을 가능성은 충분히 있다. 그런 이유로 참여자는 자기 스스로 두 개의 꿈을 연결하면서 엄마와 아빠의 존재를 연결하고 있다. 꿈속의 그 아이는 너무 힘들었을 거라고 참여자 스스로 말하며 한참이나 눈물을 쏟아냈다.

7   내가 싫어
(남, 23세, 11세 때 꿈)

참여자는 세미나 과정 내내 표정에 변화가 거의 없었고, 어떤 내용을 말하든 같은 톤과 억양으로 덤덤하게 말했다. 머리카락이 없는 아이의 머리를 강조하여 크게 그렸고, 그 아이가 자기 자신이라고 말하며 부정적인 의미를 부여했다.

"깜깜한 성안에서 제가 대머리가 되어서 나선형 계단을 쫓아가며 멀어져가는 공주를 구출하려고 가고 있어요. 구출하려고 했지만 구출하지 못했어요. 저는 꿈에서 깨어난 후 내 머리가 대머리여서 충격적이었어요. 공주의 얼굴은 기억이 안 나고 얼굴이 보이지 않았어요."

발달 : 나는 깜깜한 성안에 있고 성안에는 공주도 있다.

전개 : 대머리가 되어 나선형 계단으로 공주를 쫓아가고 있음.

절정 : 공주를 구출하려고 쫓아가지만 멀어짐.

결말 : 공주를 구출하지 못함.

A : 공주는 머리만 보이고 몸이 없었나요?

B : 네. 공주의 왕관인 티아라 같은 이미지만 보였어요.

A : 꿈속에서 공주를 쫓아갈 때 어떤 기분이었나요?

B : 숨이 너무 가빴어요. 대머리 때문에 아직도 기억이 나는 것 같아요.

A : 꿈을 보면서 그 당시 떠오르는 일이 있나요?

B : 그동안에는 재미있고 특이한 꿈이라고 생각했었는데 지금 그림을 보니 힘들어 보이네요. 그때의 생각이 지금 리마인드 되고 있어요.

A : 어떤 것이 힘들었어요?

B : 친구 관계가 힘들었어요. 저는 친구가 없었고 괴롭히는 아이들도 있었어요. 그때 엄마는 나에게 관심이 없다고 생각했어요.

A : 그때 엄마에게 힘든 일을 말하지 못했나요?

B : 엄마가 일하느라 너무 바쁘셨어요.

참여자는 꿈을 꾸던 당시의 느낌이 되살아난다고 하며 친구들이 나를 괴롭혀서 힘들었는데 엄마는 자신에게 관심이 없었다고 말했다. 초등학교 때 친구들에게 괴롭힘을 당했던 일이 무척 힘들었을 텐데 자신의 감정을 표현할 기회가 없었던 참여자의 성향을 볼 때, 많은 것들을 자기 혼자 처리하며 억압했던 감정들의 가능성을 생각해볼 수 있다. 꿈 이야기를 하는 태도를 볼 때도 내용은 진실했지만, 말투나 표정은 차분하고 덤덤한 듯 보였다.

참여자는 꿈속에서 대머리가 무엇을 의미하는지 알고 싶어 했다. 그림 속 이미지의 상징적 의미를 해석할 때는 꿈을 꾼 사람에게 그 이미지가 현실에서 어떤 느낌을 주는지, 어떻게 인식하고 있는지를 아는 것이 중요하다. 개인이 그것과 관련하여 어떠한 경험을 했었고 현재는 어떻게 인식하고 있는가의 내용이 꿈속 이미지의 내용과 연결된다. 참여자는 대머리였던 자기 모습이 '충격적'이라고 말했고 그것 때문에 꿈이 인상적이라고 했다. 참여자는 그 이미지에 관해 유독 부정적인 인식과 거부하는 태도를 보였는데, 그 이미지는 곧 자기 자신이라고 생각하고 있었다. 꿈속의 아이는 공주를 향해 손을 뻗으며 가까이 가기를 원했지만, 공주는 왕관만 보였고 그 존재는 보이지 않았다. 아이들은 친구들이 괴롭히는 사건을 경험하면 자신이 부족한 존재라고 생각하게 되는 '자기 자책'의 문제가 생길 수 있고 자존감도 약해질 수 있다. 공주는 대머리인 자신이 싫어서 도망치고 있었고, 자신은 공주를 잡고 싶었지만 사라지고 말았다.

이 꿈에서 공주를 미약하게 표상한 왕관은 아이의 소망이나 욕구였을지도 모른다. 또는 자신이 생각하는 더 완전하고 훌륭한 자신의 모습일 수도 있다. 공주는 어릴 때 자신이 꿈꾸었던 자신의 모습이거나, 자신의 또 다른 소망이거나, 원했던 엄마의 관심일 수도 있다. 현재 꿈 해석을 통해 다루어야 할 것은 지금 꿈을 기억하며 참여자가 무엇을 이야기하고 싶어 하는가의 문제이다. 지금 성인이 된 참여자는 자신이 어렸을 때 엄마의 더 큰 관심을 원했었다고 말하고 있기 때문이다. 지금도 기억하고 있고 자신도 모르게 무심히 나오는 말에는 모두 의미가 있고 이유가 있다. 꿈속 아이의 입장에서 엄마는 너무 바빠서 자신의 이야기를 들어줄 기회를 충분히 주지 못했던 것 같지만, 아이는 자신의 두려움과 고통에 대한 원인을 자기 자신에게 돌리고 있었을지도 모른다. 이렇게 꿈은 무의식과 의식 사이에 이루어지는 상호작용으로서 꿈과 자아의 대화가 시작되는 것이다.

8   내 간절한 꿈과 소망
(여, 29세, 10세 때 꿈)

그림 속 자신은 형상이 명확하고 자신감이 강해 보인다. 다른 연예인들은 관객의 모습이고 자신은 무대 위 주인공이다. 관객들은 간단하게 표현한 형상이지만 모두 웃는 표정을 담았다. 참여자는 전경이고 다른 사람들은 나를 빛나게 해주는 전경이다.

"꿈이라는 말을 들으면 이 장면이 바로 기억이 나요. 제가 교회를 한참 다니던 시기였는데, 성경 내용처럼 바다가 반으로 갈라지는 상황에서 연예인이 백 명 정도, 아니 더 많은 것 같아요. 맨 뒤가 안 보일 정도로 많았어요. 그런데 그 사람들이 한 명씩 나에게 다가오고 있어요. 그중 몇 명은 저에게 사인도 해주고 몇 명은 악수를 해주고 했어요."

발달 : 바다가 반으로 갈라짐.

전개 : 백 명이 넘는 연예인이 줄을 서 있음.

절정 : 한 명씩 내게 와서 사인을 해주거나 악수를 함.

결말 : 없음.

A : 연예인들이 사인을 해주고 악수를 할 때 기분이 어땠어요?

B : 얼떨떨하고 신기했어요.

A : 꿈을 꿀 당시에 떠오르는 일이 있나요?

B : 그때 처음으로 나에게 장래희망이라는 게 생겼어요. 패션디자이너요.

A : 꿈이 패션디자이너였군요. 그 후에는 어떻게 되었어요?

B : 지금은 다른 일을 하게 되었지만 스무 살 까지는 그 꿈을 계속 가지고 열심히 살았어요.

A : 꿈을 보면서 지금 어떤 생각이 들어요?

B : 사람들이 모두 나에게 몰려들고 있는 것 같고 패션쇼 하는 것처럼 보여요.

A : 그런 것 같아요. 바다가 갈라졌다고 했는데 그림에서는 패션쇼 무대의 커튼이 열리는 것으로 보여요.

참여자는 꿈을 꾸던 시기에 교회를 열심히 다녔고 성경에 나오는 부분처럼 '바다가 두 갈래로 갈라지는 상황'이었다고 말했다. 참여자가 기억하는 꿈속에서는 양쪽으로 갈라졌던 바다가 그림에서는 무대의 커튼이 열리는 장면으로 표현되었다. 참여자가 교회와 성경 이야기로 바다가 갈라지는 이야기를 한 것은 칼 융의 집단 무의식을 근거로 한 꿈 해석의 상징과 잘 연결되고 있다. 칼 융은 안정적인 상황을 이루는 것이 갑자기 갈라지는 움직임이 발생하는 것은 그것을 기점으로 정신적으로 더 높은 단계의 통합성을 향해 가는 것이라고 했다. 이는 꿈을 꾼 사람이 자기의 내재 된 가능성을 실현하고 자기실현을 하고자 노력하는 과정이다. 칼 융은 이러한 과정을 무의식 안의 진정한 자기가 의식의 자아에게 꿈의 상징과 종교적 상징들을 통해 메시지를 보내는 것이라고 했다.

필자가 이전에 언급했듯이 어린이가 높은 곳에서 떨어지는 꿈의 의미와 비슷한 상황이라고 이해할 수 있다. 하지만 이러한 꿈은 자기실현을 위해 노력 중이고 마음속에서 분명히 자리한 소망과 욕망을 향해 가고 있다는 의미에서 단순히 높은 곳에서 떨어지는 꿈과는 그 차이가 있다고 볼 수 있다. 어릴 때 힘들었던 감정이 꿈으로 나타나는 경우도 많지만, 이 꿈처럼 소망이 자라날 때 정신도 자라나고 있다는 것을 알려주는 꿈도 있다.

9   버티기 힘들었던 늘어진 다리

(여, 28세, 16세 때 꿈)

꿈속에서 얼마나 두렵고 힘들었을지 생생하게 느껴지는 그림이다. 검은색 사람들은 꿈에 나타났다고 하지만 그림에는 생략이 되었다. 가장 두드러지는 것은 늘어진 한쪽 다리와 차갑고 딱딱하게 느껴지는 파란색 배수관이다.

"집에 검은색 사람들이 나타나서 나를 잡으러 오고 있고 나는 창문을 넘어 배수관을 통해 도망가고 있어요."

발달 : 집에 검은 사람들이 들어옴.
전개 : 나는 창문을 넘어 배수관을 통해 도망가고 있음.

절정 : 검은색 사람들이 나를 잡으려고 쫓아옴.

결말 : 없음.

B : 오늘 이곳에 오기 전에는 꿈을 만나는 것이 별로 내키지 않았어요. 저를 드러내는 것이 두렵고 싫었어요. 그런데 다른 사람들 꿈 이야기를 듣다 보니 나도 용기 내서 나를 만나야 한다는 생각이 들어요.

A : 우리 모두 나를 만나는 일은 두렵지요.

B : 자꾸 창피하다는 생각이 들어요.

A : 어떤 부분에서 창피하다는 생각이 드는지 말할 수 있나요?

B : 꿈속의 검은 사람들은 나의 그림자라는 생각이 들어요. 그래서 내가 그동안 계속 나를 보살펴 주지 못했던 것 같아서 부끄러워요.

A : 지금 그림을 보니 어떤 생각이 드나요?

B : 제가 도망가는 꿈을 자주 꾸거든요. 그런데 이 꿈이 가장 뚜렷하게 기억이 났어요.

A : 그림에서는 밖으로 나가는 것이 아니라 집 안으로 들어가는 것처럼 보이네요. 창문으로 보이는 풍경이 다른 방문도 보이네요. 왼쪽 다리는 길게 늘어진 동물의 꼬리처럼 보이기도 하고요. 한쪽 밭 끝으로 아슬아슬하게 서 있는 늘어지고 가느다란 다리가 힘들어 보이고 안쓰럽기도 하네요.

B : 아, 그러네요. 제가 기억하는 내용은 그런데 그림은 반대로 그려졌어요.

A : 꿈을 꾸던 시기는 어린 나이였는데 그때부터 계속 힘들었었나요?

B : 그때도 힘들었는데 결혼 후에 더 힘들었고 나를 만나는 게 더 힘든 것 같아요.

A : 이 그림이 말해주는 것은 지금 현실에서 변화가 필요하기 때문에, 어떤 큰 문을 열고 나가야 한다고 내 무의식이 메시지를 보내고 있는 것 같아요. 그런데 의식은 변화를 두려워해서 그 괴리를 처리하지 못해 오랫동안 힘들었던 것 같아요. 그렇지만 오늘 용기를 낸 결과 내 안의 그림자를 만나고 알게 되었으니 그동안 무관심했던 자신이 부끄럽다고 느끼는 만큼 이제는 잘 보살펴 주면 삶에서도 더욱 용기를 낼 수 있으리라 믿어요.

B : (말없이 눈물을 닦는다.)

꿈 해석 과정에서 예상치 못하게 억압하고 회피하며 잊고 살았던 오래된 감정을 만나게 되면 갑자기 눈물이 난다. 사람은 진심으로 이해받고 공감받을 때 마음이 움직이기 때문이다. 어떤 일로 어릴 때부터 줄곧 힘들다고 느꼈는지 자세히 말하기 어려운 경우가 많지만, 다 말하지 못해도 본인 스스로 자신의 마음을 이해하고 꿈의 의미를 발견할 수 있다. 필자는 그러한 경우에는 대화를 길게 하지 않고 지금 참여자가 감당할 수 있는 수준에서 마무리하려고 한다. 사실 꿈 해석 세미나에 자발적으로 신청해서 참여했다는 자체만으로도 큰 용기를 낸 것이고, 그 장소에 오기까지 수없이 고민하게 되는, 쉽지 않은 일이다.

참여자는 '어릴 때도 힘들었고 지금은 더 힘들다.'고 말하며 자신이 오랫동안 힘들게 참아왔던 감정을 표현하고 마주했다. 내가 얼마나 힘들었었는지, 지금도 얼마나 힘든지 이해받고 공감받는 경험이 우리 모두에게는 필요하다. 삶의 변화는 개인 혼자서는 불가능한 일이다. 우리는 나 자신이 어떤 상황에 처해 있어도 나를 이해해 주고 내 편이 되어주는 든든한 존재가 꼭 필요하다. 때로는 나를 잘 모르는 처음 만난 사람에게서 더 위로받는 경우가 있다.

10   나는 오래전부터 외로웠어
(여, 58세, 8세 때 꿈)

　꿈 그림을 그리면 마음속 심상을 꺼내 제3의 객체로 만들어 거리를 두고 바라보는 것이 가능해진다. 복잡한 감정을 이미지로 표현하면 보다 명확하게 감정을 정리하고 보다 나은 방향으로 바꾸어 갈 수 있다. 참여자는 그림을 그리고 자신의 삶을 큰 맥락에서 바라보며 자기 안의 힘든 감정을 마주했다. 그러나 그린 경험을 했다고 오랫동안 힘들었던 깊은 외로움이 사라지는 것은 아니다. 그 외로움은 온전한 '나의 것'으로 흡수함으로써 삶의 원동력이 될 수 있다. 받아들인다는 것은 발전을 의미한다.

　"초등학생 아이가 미루나무가 있는 곳 바위 위에서 미끄러져서 깜짝 놀라서 꿈에서 깼어요."

발달 : 작은 마을에 미루나무가 있고 바위가 있음.

전개 : 아이가 바위 위에 올라감.

절정 : 아이가 바위 위에서 미끄러짐.

결말 : 없음.

B : 그림을 보니 저 아이가 혼자 있는 시간이 많아서 외로웠던 것 같아요.

A : 저 아이가 많이 외로웠군요.

B : 그런 것 같아요. 그리고 저 꿈을 꾼 후 좀 지나서 허리가 많이 아파서 수술을 받았던 게 생각났어요.

참여자는 이야기를 시작하면서 바로 '저 아이가 외로웠다.'라고 말하며 꿈의 의미를 알 것 같다고 말했다. 이는 자신이 어릴 때부터 외로움을 많이 느끼는 아이였다는 걸 이해받고 싶어 하는 과거와 현재를 연결하며 나온 욕구의 표현이다. 지금 성인이 된 시점에서 그 아이가 외로웠었다는 이야기를 하는 것이기 때문에, 꿈을 꾼 그 당시에는 다른 원인이나 다른 느낌을 가지고 있었을지도 모른다. 사람들은 아주 오래된 꿈을 다룰 때 현재의 시점에서 가진 감정에 기반하여 오래 전 자기를 해석하려고 하는 경향이 있기 때문이다. 참여자는 꿈의 이미지와 심상이 명확하지만, 그 당시 여러 가지 일들이 혼재되어 떠오르는 것 같았고, 그림을 한참 응시하며 이야기하는 것을 주저하는 모습이었다.

또 다른 가능성은 칼 융이 말한 것처럼 높은 곳에서 떨어지는 정신적 성장을 의미하는 꿈일 수도 있다. 꿈은 단 한 가지로 의미를 결정짓는 것이 아니다. 중요한 것은 꿈을 꾼 사람이 자기의 그림자를 만나는 것이다. 꿈을 이미지로 표현하고 그것을 바라볼 때 자신의 이야기를 거리를 두고 바라보게 되는 새로운 경험에 큰 의미가 있다.

우리는 꿈 해석의 기회를 통해 '내 그림자'를 만나게 되고, 내 그림자와 친밀한 상호작용을 시도할 수 있다. 내 안의 그림자가 얼마나 소중하고 중요한 존재인지, 그리고 나를 사랑하고 나 자신을 돌보는 일은 곧 나의 그림자를 돌보는 것이라는 소중한 진리를 깨닫게 된다. 칼 융은 우리 모두 무의식의 그림자를 마주하는 일을 계속해야 하며, 그것이 우리가 할 수 있는 '완전함'을 이루는 길이라고 했다. 전진하는 삶은 나를 알아가는 삶이다.

닫는 글

가치 있는 삶은 '나는 누구인가?'에 대한 질문을 나 자신에게 던지며, 평생 나를 알아가기 위해 노력하는 삶이 아닐까. 나 자신을 제대로 알지 못한 채 타인을 진심으로 이해하고 타인에게 도움을 주는 사람이 될 수 있을까?

원고를 쓰는 동안 나는 거의 매일 밤 꿈을 꾸었다. 그리고 예전보다 더 꿈의 요소들을 구체적으로 분석해 보려고 노력하였고, 나만의 꿈의 일기장을 만들었다. 이제는 나도 용기 내어 내 그림자를 만나게 되었고, 내 그림자는 나의 가장 친한 친구가 되었다.

그림자, 안녕?

1) 아니마는 남성의 무의식에 있는 여성성을 말한다. 이것은 현실과 연관성이 없는 이론적 발명이나 신화라는 편견이 있을 수 있지만, 아니마는 순수한 경험적 개념이라는 사실을 강조하지 않을 수 없다. 특히 정신치료자에게 실제로 가장 의미 있는 요소로 다룰 수 있으며, 그것이 투사될 때 항상 특정한 성질을 가진 여성의 형태를 지닌다(원형과 무의식, C.G.JUNG, 2002, 융 저작 번역위원회, 솔). p171~191.

2) 개성화는 온전한 우리 자신이 되는 것을 의미한다. 이는 동일한 개체(가장 진실한 나와 현실의 내가 동일해 지는 것)로서의 존재가 되는 것으로서, 우리 안의 가장 깊은 것에 해당한다. 개성화는 편협하고 이기적인 개인주의와는 다르다. 개성화는 인간을 가장 실제적인 개인으로 만드는 것이기 때문이며, 우리를 가장 개성있게 만든다. 개성화를 갖춘 사람은 무의식적인 내면의 목소리를 의식적으로 따를 수 있는 사람이다. 이러한 인격을 갖춘 사람만이 집단 속에서 자기의 위치를 깨달을 수 있다. 개성화만이 사회를 창조하는 힘이 되고, 각 구성원으로 하여금 인간 집단의 완전한 부분이 되게 한다. 즉 개성화를 통해 하나의 개인이 되는 동시에 집단의 구성원이 된다(C.G.융 심리학 해설, C.G.Jung, 설영환 옮김, 2007, 선영사). p258~259.
칼 융은 개성화(individuation)란 개인에 내재한 가능성을 실현하고 자아가 높은 차원의 전체성을 지향하려 노력하는 과정이며 '자기실현(self-realization)'의 과정이라고 부르고, 이것이 인생의 궁극적인 목표이고 심리치료의 목적도 이것이라고 말했다(카를 융 인간의 이해, 가와이 하야호, 가와이 도시오, 김지윤 옮김, 2018, 바다출판사). p252.

3) 자기실현은 '개성화'를 이루는 과정으로서 의식의 중심을 이루는 '자아'가 무의식의 중심의 '자기'를 마주하고, 그 메시지와 지시를 듣고 수용해가는 과정이다(카를 융 기억 꿈 사상, 2007, 김영사). p9. 자기실현은 칼 융의 이론에서 핵심 개념으로서 무의식과 의식의 통합이 이루어내는 결과이다. 칼 융은 우리가 온전한 자기로 살아가기 위해 끊임없이 자기를 알고 성장해야 한다는 것을 강조하였다.

참고문헌

- Children's Dreams(2008). Edited by Lorenz Jung and Maria Meyer_Grass, Translated by Ernst Falzeder with the collaboration of Tony Woolfson, Princeton University Press.

- 카를 융 기억 꿈 사상(2007). 카를 구스타프 융, A. 야페 편집, 조성기 옮김. 김영사.

- 꿈의 분석(2016). 칼 구스타프 융, 정명진 옮김, 부글.

- 꿈에 나타난 개성화 과정의 상징(2002). 칼 구스타프 융, 한국융연구원C.G. 융 저작 번역위원회 옮김, 부글북스.

- C.G.융 심리학 해설(2007). SC.G.융, 설영환 옮김, 선영사.

- 융 심리학적 그림해석(2005). Teodor Abt, 이유경 옮김, 분석심리학연구소.

- 원형과 무의식(2002). C.G.JUNG, 한국융연구원C.C 융 저작 번역위원회 옮김. 솔.

- 카를 융 인간의 이해(2018). 가와이 하야오·가와이 도시오, 김지윤 옮김, 바다출판사.

초판 1 쇄 _ 2023년 3월 24일
지 은 이 _ 홍지영
펴 낸 이 _ 김현태
디 자 인 _ 디자이너 장창호
펴 낸 곳 _ 따스한 이야기
등   록 _ No. 305-2011-000035
전   화 _ 070-8699-8765
팩   스 _ 02- 6020-8765
이 메 일 _ jhyuntae512@hanmail.net

따스한 이야기 페이스북, 인스타그램
https://www.facebook.com/touchingstorypublisher
https://www.instagram.com/touchingstorypublisher

따스한 이야기는 출판을 원하는 분들의 좋은 원고를
기다리고 있습니다.

가격 15,000원